KB127560

1800

한자 펜글씨 쓰기

교과부 선정 1800 한자를 단어로 익히는 펜글씨 교본

1800 漢字
한자 펜글씨 쓰기

시사정보연구원 지음

- 한자 1800자를 두 자씩 묶어 능률적인 학습
- 가나다순 배열로 짧은 시간 안에 한자 학습
- 실생활에 바로 적용할 수 있도록 구성
- 고사성어를 실어 한자 학습에 효율
- 한자검정능력시험 대비

부록 : 한자를 재미있게 익히는 고사성어 수록

시사패스
SISAPASS.COM

1800 한자 펜글씨 쓰기

개정1쇄 발행 2019년 1월 10일
개정3쇄 발행 2023년 1월 15일

지은이   시사정보연구원
발행인   권윤삼
발행처   도서출판 산수야

등록번호   제1-1515호
주소   서울시 마포구 월드컵로 165-4
우편번호   121-826
전화   02-332-9655
팩스   02-335-0674

ISBN 978-89-8097-435-1   13710

값은 뒤표지에 있습니다. 잘못된 책은 바꾸어 드립니다.

이 책의 모든 법적 권리는 도서출판 산수야에 있습니다.
저작권법에 의해 보호받는 저작물이므로
본사의 허락 없이 무단 전재, 복제, 전자출판 등을 금합니다.

이 도서의 국립중앙도서관 출판시도서목록(CIP)은
서지정보유통지원시스템 홈페이지(http://seoji.nl.go.kr)와
국가자료공동목록시스템(http://www.nl.go.kr/kolisnet)에서 이용하실 수 있습니다.
(CIP제어번호: CIP2018011888)

　한자는 우리 실생활과 밀접한 연관성을 지니고 있다. 특히 우리말의 대부분이 한자식 조어로 되어 있기 때문에 한자를 잘 알면 우리말을 활용하는 능력도 자연스럽게 길러진다. 뿐만 아니라 중국어와 일본어를 공부하는 데도 한자 학습은 필수다.

　효과적인 한자 학습법이 다양하게 소개되고 있지만 한자 학습의 기본은 많이 보고, 많이 쓰고, 많이 활용하는 것이다.

　이 책은 한자 학습의 기본이 되는 교과부 선정 1800자를 단어로 익히는 펜글씨 교본이다. 한자를 필순에 따라 쓰면서 음과 훈을 익히도록 구성되어 있으므로 누구든지 쉽고, 빠르고, 정확하게 한자를 익힐 수 있다. 또 한자를 재미있게 익힐 수 있도록 고사성어를 덧붙였다. 고사성어는 실생활 활용도가 높아 한자 학습에 큰 도움을 줄 것이다.

　요즘은 PC로 문서를 작성하는 예가 많아 손글씨를 쓸 기회가 점차 사라져 간다. 그럼에도 불구하고 반드시 손글씨를 써야 하는 경우가 종종 있다. 이럴 때 잘 다듬어진 글씨는 쓴 사람의 품격을 높이고, 신뢰감을 준다. 펜글씨 교본을 기본으로 삼아 바른 자세로, 정확한 획순에 따라 한자를 익히다 보면 누구나 자신 있는 손글씨를 터득할 수 있다.

　공부를 하면 할수록 쉬워지는 것이 한자다. 손으로 정갈하게 쓰고 눈으로 맑게 읽으며 마음으로 뜻을 새기는 학습이 되도록 구성된 이 책을 통해 큰 목표를 이루기를 바란다. 자신의 가치를 돋보이게 하고 능률적인 학습을 위해 만들어진 펜글씨 교본으로 한 발 앞서가는 인재가 되자.

시사정보연구원

1. 위에서 아래로 쓴다.

言(말씀 언) → 　一　二　言　言　言　言

雲(구름 운) → 　一　厂　戸　币　雨　雨　雪　雪　雲　雲　雲　雲

2. 왼쪽에서 오른쪽으로 쓴다.

江(강 강) → 　丶　冫　氵　氵　江　江

例(법식 예) → 　丿　亻　伫　伢　例　例　例　例

3. 가로획과 세로획이 겹칠 때는 가로획을 먼저 쓴다.

用(쓸 용) → 　丿　冂　月　月　用

共(함께 공) → 　一　十　共　共　共　共

4. 삐침과 파임이 만날 때는 삐침을 먼저 쓴다.

人(사람 인) → 　丿　人

文(글월 문) → 　丶　亠　六　文

5. 좌우가 대칭될 때에는 가운데를 먼저 쓴다.

小(작을 소) → 　亅　小　小

承(받들 승) → 　了　了　手　手　承　承　承

6. 둘러 싼 모양으로 된 자는 바깥쪽을 먼저 쓴다.

同(같을 동) → 　丨　冂　門　同　同　同

病(병날 병) → 　丶　亠　广　广　疒　疒　疒　病　病　病

7. 글자를 가로지르는 가로획은 나중에 긋는다.

女(여자 녀) → 　く　女　女

母(어미 모) → 　く　囗　囗　母　母

8. 글자 전체를 꿰뚫는 세로획은 나중에 쓴다.

車(수레 거) → 　一　厂　冂　冃　百　亘　車

事(일 사) → 　一　厂　冂　日　写　写　事　事

9. 책받침(辶, 辵)은 나중에 쓴다
　　近(원근 근) → `丶 厂 斤 斤 沂 近 近`
　　建(세울 건) → `⼀ 彐 彐 彐 彐 聿 律 建 建`

10. 오른쪽 위에 점이 있는 글자는 그 점을 나중에 찍는다.
　　犬(개 견) → `一 ナ 大 犬`
　　成(이룰 성) → `丿 厂 厂 厅 成 成 成`

■ 한자의 기본 점(點)과 획(劃)
　(1) 점
　　① 「丶」: 왼점　　　　　　　② 「丶」: 오른점
　　③ 「丶」: 오른 치킴　　　　　④ 「丶」: 오른점 삐침
　(2) 직선
　　⑤ 「一」: 가로긋기　　　　　⑥ 「丨」: 내리긋기
　　⑦ 「⼀」: 평갈고리　　　　　⑧ 「亅」: 왼 갈고리
　　⑨ 「𠃌」: 오른 갈고리
　(3) 곡선
　　⑩ 「丿」: 삐침　　　　　　　⑪ 「丶」: 치킴
　　⑫ 「丶」: 파임　　　　　　　⑬ 「辶」: 받침
　　⑭ 「亅」: 굽은 갈고리　　　　⑮ 「乀」: 지게다리
　　⑯ 「乀」: 누운 지게다리　　　⑰ 「乚」: 새가슴

少② ①	火④ ③	主 ⑤	伸 ⑥	揮⑦ ⑧	表 ⑨
冷 ⑩ ⑫ ⑪	送 ⑬	乎 ⑭	式 ⑮	忠 ⑯	兄 ⑰

부수표

No	부수	No	부수	No	부수	No	부수	No	부수	No	부수
1획		37	大	75	木	113	示(礻)	150	谷	**10획**	
1	一	38	女	76	欠	114	内	151	豆	187	馬
2	丨	39	子	77	止	115	禾	152	豕	188	骨
3	丶	40	宀	78	歹	116	穴	153	豸	189	高
4	丿	41	寸	79	殳	117	立	154	貝	190	髟
5	乙	42	小	80	毋	**6획**		155	赤	191	鬥
6	亅	43	尢	81	比	118	竹	156	走	192	鬯
2획		44	尸	82	毛	119	米	157	足	193	鬲
7	二	45	屮	83	氏	120	糸	158	身	194	鬼
8	亠	46	山	84	气	121	缶	159	車	**11획**	
9	人(亻)	47	川(巛)	85	水(氵)	122	网(罒)	160	辛	195	魚
10	儿	48	工	86	火(灬)	123	羊	161	辰	196	鳥
11	入	49	己	87	爪(爫)	124	羽	162	辵(辶)	197	鹵
12	八	50	巾	88	父	125	老(耂)	163	邑(阝)	198	鹿
13	冂	51	干	89	爻	126	而	164	酉	199	麥
14	冖	52	幺	90	爿	127	耒	165	釆	200	麻
15	冫	53	广	91	片	128	耳	166	里	**12획**	
16	几	54	廴	92	牙	129	聿	**8획**		201	黃
17	凵	55	廾	93	牛(牜)	130	肉(月)	167	金	202	黍
18	刀(刂)	56	弋	94	犬(犭)	131	臣	168	長(镸)	203	黑
19	力	57	弓	**5획**		132	自	169	門	204	黹
20	勹	58	彐(彑)	95	玄	133	至	170	阜(阝)	**13획**	
21	匕	59	彡	96	玉(王)	134	臼	171	隶	205	黽
22	匚	60	彳	97	瓜	135	舌	172	隹	206	鼎
23	匸	**4획**		98	瓦	136	舛	173	雨	207	鼓
24	十	61	心(忄)	99	甘	137	舟	174	靑	208	鼠
25	卜	62	戈	100	生	138	艮	175	非	**14획**	
26	卩(㔾)	63	戶	101	用	139	色	**9획**		209	鼻
27	厂	64	手(扌)	102	田	140	艸(艹)	176	面	210	齊
28	厶	65	支	103	疋	141	虍	177	革	**15획**	
29	又	66	攴(攵)	104	疒	142	虫	178	韋	211	齒
3획		67	文	105	癶	143	血	179	韭	**16획**	
30	口	68	斗	106	白	144	行	180	音	212	龍
31	囗	69	斤	107	皮	145	衣(衤)	181	頁	213	龜
32	土	70	方	108	皿	146	襾	182	風	**17획**	
33	士	71	无(旡)	109	目(罒)	**7획**		183	飛	214	龠
34	夂	72	日	110	矛	147	見	184	食		
35	夊	73	曰	111	矢	148	角	185	首		
36	夕	74	月	112	石	149	言	186	香		

1800

한자
펜글씨
쓰기

可	否	假	飾	家	屋	歌	謠	佳	作
옳을 가	아니 부	거짓 가	꾸밀 식	집 가	집 옥	노래 가	노래 요	좋을 가	지을 작
一 丁 戸 可 可	一 丁 不 不 否	亻 亻 亻 伊 假 假	夕 夕 今 食 飣 飾 飾	宀 宀 宇 宇 家 家	丁 コ 尸 尸 屋 屋 屋	一 口 可 哥 哥 歌 歌	言 言 訳 詥 評 謠 謠	亻 亻 亻 佳 佳 佳 佳	丿 亻 亻 仁 竹 作 作
可	否	假	飾	家	屋	歌	謠	佳	作

價	值	覺	悟	各	項	干	戈	簡	單
값 가	값 치	깨달을 각	깨달을 오	각각 각	조목 항	방패 간	창 과	간략할 간	홀 단
亻 亻 俨 俨 價 價 價	丿 亻 仿 佶 値 值 值	臼 臼 卧 郎 脚 鲁 覺	丶 忄 忄 怀 悟 悟 悟	丿 夂 久 各 各 各	丁 工 瓦 項 項 項 項	一 二 干	一 弋 戈 戈	夕 竹 竹 筲 筲 簡 簡	丶 吅 吅 甼 旦 單
價	值	覺	悟	各	項	干	戈	簡	單

肝	油	姦	淫	懇	切	看	板	渴	症
간 간	기름 유	간음할 간	음란할 음	간절할 간	간절할 절	볼 간	판목 판	목마를 갈	증세 증
丿刀月月月刖肝肝	丶冫氵汀汩油油	乚夂女奻姦姦姦	丶冫氵氵沪淫淫淫	囗豸豸狼狼懇懇	七切切	二手丢看看看看	十才才术朼板板板	冫汀洇沪渇渇渇	广广扩疒疒疒症症
肝	油	姦	淫	懇	切	看	板	渴	症

監	獄	甘	酒	減	刑	甲	蟲	康	寧
옥 감	옥 옥	달 감	술 주	덜 감	형벌 형	갑옷 갑	벌레 충	편안할 강	편안할 녕
丆丒丒臣貯貯監	丿犭犭犴犷狺獄	一十廿甘甘	丶冫氵汀洒洒酒酒	丶冫氵沂減減減	一二于开刑刑	丨口曰曰甲	口中虫虫虫蟲蟲	广广庐庐庚康康	广宀宀宁宓寍寧寧
監	獄	甘	酒	減	刑	甲	蟲	康	寧

鋼	線	剛	柔	江	河	改	善	個	性
강철 강	줄 선	굳셀 강	부드러울 유	강 강	물 하	고칠 개	착할 선	낱 개	성품 성

蓋	瓦	介	入	開	拓	慨	歎	擧	皆
덮을 개	기와 와	끼일 개	들 입	열 개	열 척	슬퍼할 개	탄식할 탄	온통 거	다 개

距	離	去	番	巨	星	居	處	乾	坤
떨어질 거	떨어질 리	갈 거	차례 번	클 거	별 성	살 거	곳 처	하늘 건	땅 곤
`丶口무モ足跖距距`	`ㄤㄏ离离离离离離離離`	`一十土去去`	`ㅁ굔平釆番番番`	`一厂厅戶巨`	`ㅁ日旦旦旦星星`	`ㄱㄱ尸尸屄屄居居`	`丶丶广广虍虏虏處處`	`一十古古卓軒乾乾`	`ㅓ土圡圲坩坤坤`
距	離	去	番	巨	星	居	處	乾	坤

健	兒	建	築	儉	德	激	情	堅	固
굳셀 건	아이 아	세울 건	지을 축	검소할 검	품행 덕	심할 격	뜻 정	굳을 견	굳을 고
`ノイ伫伫偝伊健健`	`ノブ午白臼兒兒`	`ㄱㅋㅋ聿聿建建`	`ケ竹竹竺竺筑築築`	`イ仸俭侉侉偹儉儉`	`彳彳休休德德德`	`氵沪沪泊澊澊激`	`丶忄忄忄忄情情情`	`ㄱㄱㅋ臣臤堅堅`	`冂冂冋冈周周固`
健	兒	建	築	儉	德	激	情	堅	固

肩	章	絹	織	決	裁	缺	陷	謙	讓
어깨 견	글 장	비단 견	짤 직	정할 결	결단할 재	이 빠질 결	빠질 함	겸손할 겸	사양할 양
`丶宀宀户户肩肩`	`亠宀立产音音章章`	`乡乡乡糸糸糸紅絹絹`	`乡乡糸糸紅紅織織織`	`丶冫冫氵氵沪決決`	`十圥圥圥耂恚裁裁裁`	`乍乍午缶缶缶缺缺`	`了阝阝阝阽阽陷陷`	`亠言訃訃諅諅謙謙`	`言訁訁訁諅諅諅讓讓`
肩	章	絹	織	決	裁	缺	陷	謙	讓

兼	職	頃	刻	景	槪	警	句	輕	罰
겸할 겸	직분 직	잠깐 경	시각 각	경치 경	풍치 개	경계할 경	구절 구	가벼울 경	벌줄 벌
`八今今乚乚乚乚兼`	`耳耵耵聅聀聀職職`	`一ヒヒ比比頃頃頃`	`亠亠亥亥亥刻刻`	`口日早晃昌昌景景`	`十木朳朳柎椕椕槪`	`一艹莤莤敬敬警警`	`ノ勹勹句句`	`一日亘車軻輕輕`	`口日亘車車罰罰罰`
兼	職	頃	刻	景	槪	警	句	輕	罰

傾	斜	境	遇	經	緯	驚	異	庚	壬
기울 경	비낄 사	지경 경	만날 우	날 경	씨 위	놀랄 경	다를 이	천간 경	천간 임
亻亻亻傾傾傾傾	ハ厶乄未余斜斜	土土圹圹垃墙境	口吊禺禺遇遇遇	幺幺糸糸紅經經	糸糸糸紆緯緯緯	苟苟敬驚驚驚	日田用뫼異異	广广广庐庚庚	一二千壬
傾	斜	境	遇	經	緯	驚	異	庚	壬

更	張	競	走	慶	祝	京	鄕	硬	化
고칠 경	고칠 장	다툴 경	달릴 주	경사 경	빌 축	서울 경	시골 향	굳을 경	될 화
一一一一百百更更	弓弓弘矿张張張	立音音辩競競	十土キキ走走	广广庐庐庐慶慶	亍示示礼祁祝	亠六市京京	乡约细铆鄕鄕	石石砷砷硬	亻仁化
更	張	競	走	慶	祝	京	鄕	硬	化

桂	冠	階	段	鷄	鳴	啓	蒙	癸	巳
계수나무 계	갓 관	섬돌 계	층계 단	닭 계	울 명	가르칠 계	어릴 몽	천간 계	뱀 사
十 十 才 木 杜 桂 桂 桂	一 二 굣 冠 冠 冠 冠 冠	阝 阝 阝 阝 阽 階 階 階	丿 亻 亻 亻 段 段 段	丶 爫 爫 爫 鷄 鷄 鷄 鷄	丶 口 叮 啁 鳴 鳴 鳴	丶 彐 戶 产 产 啓 啓	艹 苩 莒 莒 蒙 蒙 蒙	丿 丿 夾 夾 癶 癸 癸 癸	丿 コ 巳
桂	冠	階	段	鷄	鳴	啓	蒙	癸	巳

繼	承	契	約	計	策	系	統	季	夏
이을 계	이을 승	맺을 계	약속할 약	셈할 계	꾀 책	이을 계	계통 통	끝 계	여름 하
丿 幺 糸 糸 絲 繼 繼	了 了 手 手 承 承 承	三 丰 刼 刼 契 契 契	丶 幺 糸 糸 糸 約 約	丶 亠 言 言 言 計	丶 亠 竹 竹 竿 竿 策 策	一 亻 乙 玄 系 系 系	一 亻 幺 糸 紷 紷 統 統	二 千 禾 禾 季 季	一 丆 丆 百 戶 夏 夏 夏
繼	承	契	約	計	策	系	統	季	夏

考	古	苦	待	故	障	高	低	孤	舟
상고할 고	옛 고	괴로울 고	기다릴 대	사고 고	막을 장	높을 고	낮을 저	외로울 고	배 주
一十土尹老考 一十十古古		一十廿廿芊苦苦 ノ彳彳彳彳待待		十古古古故故故 阝阝阝陸陷陪障		一亠亠亠高高高 ノ亻亻仟仟低低		丁孑孑孒弧弧孤 ノ丿丹丹舟舟	
考	古	苦	待	故	障	高	低	孤	舟

鼓	吹	哭	泣	曲	直	恭	敬	功	過
북돋울 고	불 취	울 곡	울 읍	굽을 곡	곧을 직	공손할 공	공경할 경	공 공	허물 과
一十吉壴壴鼓鼓 丶丨冂口叭吹吹		丨口罒罒哭哭哭 氵氵汀汁汁泣泣		丨冂曰曲曲曲 十士古古直直直		一十廿共共恭恭 十十芍苟敬敬敬		一丁工功功 冂冂冎冎局局過過	
鼓	吹	哭	泣	曲	直	恭	敬	功	過

17

恐	懼	空	欄	孔	孟	共	犯	攻	勢
두려울 공	두려워할 구	빌 공	테두리 란	성 공	성 맹	함께 공	범할 범	칠 공	기세 세
一丁丑丑巩恐恐	忄忄忄忄忄忄懼懼	丷宀宀宀空空空	木木木棚棚棚欄欄	了了子孔	一十廿廿共共	丿丁孑犯	一丁丁丑丑攻攻		
忄忄忄忄忄懼懼懼				了子子呑孟孟孟		ノオオ犭犯		一士去去夫孰孰勢	
恐	懼	空	欄	孔	孟	共	犯	攻	勢

公	認	貢	獻	瓜	年	誇	示	課	程
공 공	인정할 인	바칠 공	드릴 헌	오이 과	나이 년	자랑할 과	보일 시	과목 과	한도 정
丿八公公	一丅亍亍亍亍頁貢	一厂瓜瓜瓜	一二言言言誇誇	一三言言言誤課課					
亠言言訒訒訒認認	广庐庐虏虏虏虏獻	ノ仁仁仁午年	一二千示示	千禾禾禾和程程程					
公	認	貢	獻	瓜	年	誇	示	課	程

關	係	慣	習	管	掌	貫	徹	寬	弘
관계할 관	관계할 계	익숙할 관	익힐 습	주관할 관	맡을 장	꿰뚫을 관	뚫을 철	너그러울 관	넓을 홍
｜ ｐ ｐ 門 門 閽 關 關	ｲ ｲ ｲ 係 係 係 係	ｲ ｲ ｲ 恒 恒 慣 慣	ｸ ｸ ｫ ｫ 羽 翌 翌 習	ｸ ｸ ｬ 竺 笠 萱 管	ｸ ｸ 尚 尚 尚 堂 堂 掌	ｌ ｐ 田 田 册 昌 貫 貫	ｲ ｲ ｲ 徍 徏 徹 徹 徹	ｰ ｱ 宀 宀 宜 宽 寬	ｰ ｺ 弓 弘 弘
關	係	慣	習	管	掌	貫	徹	寬	弘

廣	義	光	輝	掛	鐘	橋	脚	郊	外
넓을 광	뜻 의	빛 광	빛날 휘	걸 괘	쇠북 종	다리 교	다리 각	들 교	바깥 외
ｰ 广 庐 庐 庐 廣 廣	ｸ ｷ 羊 羊 義 義 義	｜ ｜ ｼ 屵 屵 光	｜ ｼ 光 光 輝 輝 輝	ｸ ｷ 扌 扩 挂 掛 掛	ｸ ｺ 全 金 鈩 鈩 鐘 鐘	ｰ 木 杧 栌 栫 橋 橋	ｷ 月 肖 肷 肷 脚	ｰ ㇏ 亠 交 交 郊 郊	ｸ ㇆ ㇈ 外 外
廣	義	光	輝	掛	鐘	橋	脚	郊	外

校	庭	巧	拙	矯	弊	交	換	九	卿
학교 교	뜰 정	교묘할 교	못날 졸	바로잡을 교	폐단 폐	바꿀 교	바꿀 환	아홉 구	벼슬 경
十木朮朽朽朽校校	宀广广庐庄庭庭	一丅工丂巧	扌扌扌扗拙拙	丿矢矢乸矯矯矯	冂内闬散敝弊	一亠广六交交	扌扌扩护拘換換	丿九	乚乊卯卯卯卵卿
校	庭	巧	拙	矯	弊	交	換	九	卿

狗	盜	丘	陵	驅	迫	具	備	拘	束
개 구	도둑 도	언덕 구	언덕 릉	몰 구	핍박할 박	갖출 구	갖출 비	잡을 구	묶을 속
犭犭犭犭狗狗狗狗	氵汐次洛盜盜	丿丄斤斤丘	阝阝阤陏陏陵陵	馬馬馬馬駆駆驅	丿自白白迫迫	丨冂目且具	亻仁仲伄俌備備	扌扌扚扚拘拘拘	一丆冂戸束束束
狗	盜	丘	陵	驅	迫	具	備	拘	束

區	域	救	濟	構	造	俱	存	苟	且
구역 구	지경 역	구원할 구	구제할 제	얽을 구	지을 조	갖출 구	있을 존	구차할 구	구차할 차
一ㄱㄷㅁ品區	十士圹坍坢域域	一十寸才求求救救	氵氵氵沪沪濟濟濟	木朾朾枰構構構	〃牛告告告造造	亻亻亻们但俱俱	广十十广存存	十艹艹艿苟苟苟	冂日且
區	域	救	濟	構	造	俱	存	苟	且

鷗	鶴	國	旗	局	限	群	衆	軍	港
갈매기 구	두루미 학	나라 국	기 기	판 국	한정할 한	무리 군	무리 중	군사 군	항구 항
乛品品區鷗鷗鷗鷗	十才扩扩雀雀雀鶴鶴鶴	冂冂冋冏國國國	二ウ方方方旃旗旗	乛コ尸月局局局	乛阝阝阝阝阝阝限限	乛コ尹君君'群群	〃白白血血毐毐衆	冖冖冃冐冒軍	氵氵汢汢洪洪港港
鷗	鶴	國	旗	局	限	群	衆	軍	港

屈	伸	窮	谷	弓	矢	宮	廷	勸	獎
굽을 굴	펼 신	막힐 궁	골짜기 곡	활 궁	화살 시	궁궐 궁	조정 정	권할 권	권면할 장
ㄱㄱ尸尺屈屈屈	ノイイ�A但伸	宀宀宀宀穷窮窮	ハ久父父谷谷	ㄱㄱ弓	ㄥㄦㄷ午矢	宀宀宀宀宮宮宮	ノイチ壬任廷廷	廿芇苹茸萑勸勸	将
屈	伸	窮	谷	弓	矢	宮	廷	勸	獎

權	座	拳	鬪	厥	者	龜	鑑	貴	賤
권세 권	자리 좌	주먹 권	싸울 투	그 궐	놈 자	본받을 귀	거울 감	귀할 귀	천할 천
扌扩栌栌権權權 / 广广广应座座座	丷丷半关柔奉拳 / ㅣ ㄤ 甲甲甲甲門鬪鬪	厂厂厂厈屌屌厥 / 土耂耂者者者	产年它龟龟龟龜 / 钅釒鈩鉫鑑鑑	口口中串虫貴貴 / 貝貝貝貯賎賤賤
權	座	拳	鬪	厥	者	龜	鑑	貴	賤

歸	還	閨	門	規	範	均	適	克	己
돌아올 귀	돌아올 환	안방 규	집안 문	법 규	법 범	고를 균	알맞을 적	이길 극	몸 기

根	幹	僅	少	謹	愼	勤	怠	金	塊
뿌리 근	줄기 간	겨우 근	적을 소	삼갈 근	삼갈 신	부지런할 근	게으를 태	쇠 금	덩어리 괴

禽	獸	禁	慾	錦	貝	肯	定	棄	却
날짐승 금	길짐승 수	금할 금	욕심 욕	비단 금	조개 패	수긍할 긍	정할 정	버릴 기	물리칠 각
人𠆢今𠓤𠓥盒禽禽 門𥅩罒𥅤獸獸獸	一十木林棽棽禁禁 𠃌𠂺𥝋𥝌𥝊欲慾慾	𠂉𠂊𠂋金釘鈤錦錦 冂目貝	𠂆止止广肯肯 𰀁宀宁宇宔定	一六亠立奄奄棄棄 一十圡去却却
禽	獸	禁	慾	錦	貝	肯	定	棄	却

豈	敢	紀	綱	機	械	奇	怪	祈	求
어찌 기	감히 감	벼리 기	벼리 강	기계 기	기계 계	기이할 기	괴이할 괴	빌 기	구할 구
一屵山岂岂豈豈 一工王耳耴敢敢	𠃌纟纟糸紀紀紀 纟纟糹網綱綱綱綱	十木村机楼機機機 十木村械械械	一ナ大去夻夻奇 𠂉忄忄怪怪怪怪	一二亍示示祈祈祈 一十寸求求求求
豈	敢	紀	綱	機	械	奇	怪	祈	求

企	圖	其	島	騎	馬	起	伏	飢	餓
꾀할 기	꾀할 도	그 기	섬 도	말탈 기	말 마	일어날 기	엎드릴 복	굶을 기	굶을 아
ノ 人 个 仐 企 企 冂 門 同 禺 鬲 圖		一 十 甘 甘 其 其 ′ ′ 自 自 鳥 島 島 島		↑ 厂 馬 馬 駅 駅 騎 ↑ 厂 馬 馬		一 十 キ 走 起 起 起 ノ 亻 亻 伏 伏 伏		ノ ク ク 今 刍 刍 飢 ク 今 刍 刍 刍 飷 餓 餓 餓	
企	圖	其	島	騎	馬	起	伏	飢	餓

技	藝	記	載	寄	贈	基	礎	忌	避
재주 기	재주 예	적을 기	실을 재	줄 기	줄 증	터 기	주춧돌 초	꺼릴 기	피할 피
一 十 扌 扌 扗 扙 技 艹 芏 芸 芸 藝 藝 藝 藝		二 三 言 言 訂 訂 記 十 圡 吉 車 載 載 載		′ 宀 宀 宊 寄 寄 寄 冂 目 貝 貯 贈 贈 贈		一 廿 甘 其 其 其 基 厂 石 矿 礎 礎 礎 礎		フ フ己 忌 忌 ′ ′ ′ ′ 辟 辟 辟 避 避	
技	藝	記	載	寄	贈	基	礎	忌	避

畿	湖	旣	婚	緊	縮	吉	地	那	邊
경기 기	호수 호	이미 기	혼인할 혼	움츠릴 긴	줄 축	길할 길	땅 지	어찌 나	가 변
絲絲絲絲絲畿畿畿	氵氵沪沽沽沽湖湖	亻自自自旣旣旣	乙女女女妒娇娇婚婚	一下下臣取取緊	乡乡糸終紵紵縮縮	一十土吉吉吉	一十圠圠地地	丁丬丬丬丑那那	亻白白自鼻鼻鼻邊邊邊
畿	湖	旣	婚	緊	縮	吉	地	那	邊

難	忘	男	女	內	野	乃	至	奈	何
어려울 난	잊을 망	사내 남	여자 녀	안 내	들 야	이에 내	이를 지	어찌 내	어찌 하
一廿莒堇萋戁戁難難	亠亡忘忘忘	丨冂冃田田男男	乙女女	冂内内	口日甲里野野野	丿乃	一乙丞至至至	一ナ大太杢李奈	丿亻亻亻亻何何何
難	忘	男	女	內	野	乃	至	奈	何

努	力	奴	婢	怒	號	農	耕	濃	淡
힘쓸 노	힘 력	사내종 노	계집종 비	성낼 노	부르짖을 호	농사 농	밭갈 경	짙을 농	묽을 담
乚 夂 女 奴 奴 努 努 フ 力		乚 夂 女 奴 乚 夂 女 奴 妒 婢 婢 婢		乚 夂 女 奴 奴 怒 怒 口 口 号 号 号 號 號		口 曰 曲 曲 芦 芦 農 農 一 三 未 耒 耕 耕		氵 沪 沪 沪 沪 沪 沪 濃 濃 丶 氵 氵 汸 淡 淡	
努	力	奴	婢	怒	號	農	耕	濃	淡

腦	炎	能	率	泥	巖	多	寡	茶	房
뇌뇌	염증 염	능할 능	비율 률	진흙 니	바위 암	많을 다	적을 과	차 다	방 방
刀 月 肝 胪 腦 腦 腦 丶 火 炏 炎		厶 厶 台 台 自 自 能 能 能 亠 玄 玄 这 这 玄 率		丶 氵 氵 沪 沪 泥 泥 屵 屵 屵 嵒 崖 巖 巖		丿 夕 夕 多 多 多 宀 宀 宫 宣 宣 寒 寡 寡		艹 艹 艹 艹 艹 茶 茶 丶 二 尸 尸 戶 房 房	
腦	炎	能	率	泥	巖	多	寡	茶	房

27

端	緒	旦	夕	斷	續	丹	粧	但	只
실마리 단	실마리 서	아침 단	저녁 석	끊을 단	이을 속	붉을 단	단장할 장	다만 단	다만 지
端	緒	旦	夕	斷	續	丹	粧	但	只

短	針	擔	當	踏	査	糖	類	唐	詩
짧을 단	바늘 침	멜 담	일 담당할 당	밟을 답	조사할 사	사탕 당	무리 류	당나라 당	시 시
短	針	擔	當	踏	査	糖	類	唐	詩

代	償	大	暑	對	酌	貸	借	陶	工
대신할 대	갚을 상	큰 대	더위 서	대할 대	따를 작	빌릴 대	빌릴 차	질그릇 도	장인 공
ノイ 仁 代代	亻亻 俨俨 償償償償	一ナ大	口日早早昇昇暑暑	丬丬丱丵丵丵對對	一 冂 両 酉 酌 酌 酌	ノイ 代 代 貸 貸 貸貸	ノイ 亻 伫 伫 借借借	了 阝 阝 阼 阵 阵 陶陶	一 丁 工
代	償	大	暑	對	酌	貸	借	陶	工

到	達	跳	梁	桃	李	逃	亡	渡	涉
이를 도	이를 달	뛸 도	들보 량	복숭아 도	오얏 리	달아날 도	도망할 망	건널 도	건널 섭
一 Z Z 조 至 至 到	十 士 去 幸 幸 幸 達達	口 F 昆 邼 跙 跳跳	氵 汈 汈 汄 梁 梁梁	十 木 材 杪 杪 桃桃	一 十 才 木 李 李李	ノ 기 兆 兆 逃逃	丶 亠 亡	氵 氵 沪 沪 沪 渡渡	氵 汁 汁 沙 沙 沙 涉涉
到	達	跳	梁	桃	李	逃	亡	渡	涉

稻	雲	挑	戰	毒	蛇	獨	創	督	促
벼 도	구름 운	돋울 도	싸움 전	해칠 독	뱀 사	홀로 독	비롯할 창	재촉할 독	재촉할 촉
二千禾禾秆稻稻 宀市垂雲雲雲雲	扌扌打打抄挑挑 冖罒罒巴單單戰戰	一十主主青青毒 口中虫虫蚵蚵蛇蛇	丿丬犭犭狎猸獨獨 人夕夕夕亼倉倉創	丨十扗叔叔督督督 丿亻亻伲伲促促促					
稻	雲	挑	戰	毒	蛇	獨	創	督	促

豚	犬	敦	篤	凍	結	冬	嶺	洞	里
돼지 돈	개 견	도타울 돈	도타울 독	얼 동	엉길 결	겨울 동	재 령	고을 동	마을 리
丿几月肵肵豚豚豚 一ナ大犬	六亠亩亨亨亨敦 ⺮⺮⺮笃筥筥篤篤	丶丶冫冫沔泪泪凍 幺幺系系紅紆結結	丿ク冬冬冬 屵屵岕岕嶺嶺嶺嶺	丶冫氵沔沔洞洞洞 丨冂冃甲旦甲里					
豚	犬	敦	篤	凍	結	冬	嶺	洞	里

東	西	銅	錢	動	靜	同	胞	童	話
동녘 동	서녘 서	구리 동	돈 전	움직일 동	고요할 정	한가지 동	동포 포	아이 동	이야기 화
一一一一一一日車東	一一一一西西西	ノノ牟牟金金釘釘銅	ノ牟牟金金釤錢錢錢	一一一一一重重動動	一主青青青靜靜靜	丨冂冂同同同	丿月月月肝胞胞胞	一立产音音音童童	一一言言言訂話話
東	西	銅	錢	動	靜	同	胞	童	話

豆	太	得	失	等	級	登	庸	羅	列
콩 두	클 태(콩 태)	얻을 득	잃을 실	등급 등	등급 급	올릴 등	쓸 용	벌일 라	벌일 렬
一一一一一一一一豆	一ナ大太	ノ彳彳彳得得得得	一一一牛失	一一一竺竺笙等等	幺幺糸糸糸紅紉級	ノファ改啓啓登	一广户户肩肩庸	口四四罗罪罪羅羅	一丁万歹列列
豆	太	得	失	等	級	登	庸	羅	列

洛	花	爛	漫	濫	用	郎	君	朗	報
물 락	꽃 화	난만할 란	찰 만	함부로 람	쓸 용	남편 랑	남편 군	밝을 랑	알릴 보
氵氵氵沙沙洛洛	十艹艹莎花花花	丬灯炉炉爛爛爛	氵汩汩渭渭漫	氵沪沪沪濫濫濫	刀刀月用	彐彐良良郎郎	丁コヨ尹君君	彐白白良朗朗朗	土幸幸幸都報報
洛	花	爛	漫	濫	用	郎	君	朗	報

掠	奪	糧	穀	兩	班	諒	察	旅	館
노략질할 략	빼앗을 탈	양식 량	곡식 곡	두 량	나눌 반	살필 량	살필 찰	나그네 려	집 관
扌扌扩护护掠掠	一六本奔奪奪奪	丬半粗糧糧糧糧	土幸幸案敦穀	厂厅雨雨雨雨雨	王王王玐玳班	讠言訁訮訮諒諒	宀夕夕夕宛察察	亠方方於旅旅	夕亼自貪館館館
掠	奪	糧	穀	兩	班	諒	察	旅	館

曆	法	連	絡	聯	盟	戀	慕	鍊	武
책력 력	법 법	짝지을 련	이을 락	연할 련	맹세할 맹	사모할 련	사모할 모	단련할 련	날랠 무

一厂厂厂麻麻曆曆
丶氵氵汢法法

一丁百百車連連
乡乡糸糸絆絡絡

丁耳耶聯聯聯聯
冂日即明明盟盟

言絲絲戀戀戀戀
艹莒莫菒慕慕

人金針鍊鍊鍊
一二千千正武武

曆	法	連	絡	聯	盟	戀	慕	鍊	武

燐	憫	蓮	葉	烈	士	廉	恥	零	細
가련할 련	가련할 민	연꽃 련	잎사귀 엽	절개굳을 렬	선비 사	청렴할 렴	부끄러울 치	작을 령	가늘 세

忄忄忄忭燐燐燐
忄忄忙忙憫憫憫

艹艹芒营莒董蓮蓮
艹艹芒苹苹苹葉葉

一丁歹歹列列烈
一十士

一广产庐庐廉廉
一厅王耳耳耶恥恥

一雨雨雭雭零零
乡乡糸糸糽細細

燐	憫	蓮	葉	烈	士	廉	恥	零	細

靈	魂	禮	儀	老	娘	勞	賃	樓	閣
신령 령	넋 혼	예도 례	거동 의	늙을 로	어머니 낭	수고로울 로	품팔이 임	다락 루	누각 각
靈	魂	禮	儀	老	娘	勞	賃	樓	閣

累	卵	漏	電	屢	條	六	洲	栗	梨
여러 루	알 란	샐 루	전기 전	여러 루	조목 조	여섯 륙	대륙 주	밤 률	배 리
累	卵	漏	電	屢	條	六	洲	栗	梨

隆	替	吏	屬	隣	郡	莫	上	蠻	勇
성할 룡	쇠퇴할 체	아전 리	무리 속	이웃 린	고을 군	없을 막	위 상	오랑캐 만	날랠 용
⻖阝阽阼降降隆隆	一二二二夫替替替替	尸尸尸屛屬屬屬屬	⻖阝阽阼阼隊隣隣	⼔⼔⼔君君君'郡郡	艹艹艹苩苩莫莫	丨卜上	言 糸 結 結結結結結結 蠻	一丙丙丙面面勇勇	
隆	替	吏	屬	隣	郡	莫	上	蠻	勇

滿	潮	罔	極	妄	言	梅	蘭	賣	買
찰 만	조수 조	없을 망	지극할 극	망령될 망	말씀 언	매화 매	난초 란	팔 매	살 매
氵汁汁洪洪滿滿滿	氵氵泸泸淖淖潮潮	丨冂冂冈冈罔罔	十木杧杧柯極極	亠亡亡妄妄	亠亠言言言言言	一十木杧杜梅梅	艹艹門閒蘭蘭蘭蘭	一十志壺壺賣賣賣	丨冂冂四罒四胃買買
滿	潮	罔	極	妄	言	梅	蘭	賣	買

每	樣	埋	葬	猛	襲	盲	信	勉	勵
매양 매	모양 양	묻을 매	장사 장	사나울 맹	엄습할 습	몽매할 맹	믿을 신	힘쓸 면	힘쓸 려
ﾉ 亡 乍 每 每 每	木 栏 栏 様 様 様 様	十 土 圹 坦 坦 埋 埋	艹 艹 苙 莚 葬 葬	ﾉ ﾌ 犭 狞 狞 猛 猛	亠 音 前 龍 襲 襲 襲	一 亠 宀 盲 盲 盲 盲	ﾉ イ 仁 信 信 信 信 信	ﾉ ⺈ 岛 免 免 免 勉	厂 严 屏 屚 屬 勵 勵
每	樣	埋	葬	猛	襲	盲	信	勉	勵

綿	延	冥	鬼	名	譽	謀	叛	模	倣
잇닿을 면	이을 연	저승 명	귀신 귀	이름 명	기릴 예	꾀할 모	배반할 반	본뜰 모	본받을 방
ﾉ 幺 糸 紵 絈 綿 綿	イ 千 千 正 征 延 延	一 冖 冃 冝 冝 冥 冥	ﾉ 冂 白 臼 卑 鬼 鬼 鬼	ﾉ ⺈ ⼣ ⼣ 名 名	⺍ 明 嬰 與 與 譽 譽	亠 言 計 諼 諜 謀	⺋ ⺄ ⺊ 半 叛 叛 叛	十 木 术 护 栉 榵 模	ﾉ イ 仁 仿 仿 仿 倣
綿	延	冥	鬼	名	譽	謀	叛	模	倣

募	兵	矛	盾	沐	浴	木	材	牧	笛
모을 모	군사 병	창 모	방패 순	머리감을 목	목욕할 욕	나무 목	재목 재	목동 목	피리 적
′ ″ ″ 苗 苗 莫 募 募	′ ′ ″ 斤 丘 乒 兵	″ ″ 予 矛	厂 厃 厃 盾 盾 盾 盾	′ ″ ′ 氵 汁 沐 沐	′ ″ ′ 氵 浴 浴 浴 浴	一 十 才 木	一 十 才 木 杉 村 材	′ ″ ″ 牛 牧 牧 牧	′ ″ ′ 竹 竹 笛 笛
募	兵	矛	盾	沐	浴	木	材	牧	笛

沒	我	卯	酉	茂	盛	戊	戌	貿	易
빠질 몰	나 아	토끼 묘	닭 유	무성할 무	성할 성	천간 무	개 술	무역할 무	바꿀 역
′ ″ ′ 氵 沪 沒 沒	′ ″ 千 手 我 我 我	′ ′ 丿 卯 卯	一 丁 历 两 西 西 酉	′ ″ 芹 芹 芧 茂 茂	厂 厉 成 成 成 盛 盛	′ 厂 戊 戊 戊	′ 厂 下 戌 戌 戌	′ ″ 卯 卯 留 留 貿	口 日 日 日 易 易 易
沒	我	卯	酉	茂	盛	戊	戌	貿	易

37

默	念	問	答	聞	音	勿	論	微	妙
말없을 묵	생각 념	물을 문	대답할 답	들을 문	소리 음	말 물	논의할 론	묘할 미	묘할 묘
口口田里里黑默默 ノ入入今今念念		｜ 𠂆 𠂆 門門門問問 ᄊ ᄊ 竺 竺 笑 答答		𠂆 𠂆 門門門問問聞 一 立 立 产 音 音 音		ノ 勺 勺 勿 一 言 言 計 論 論 論		彳 彳 彳 彳 微 微 微 𡿪 女 女 女 妙 妙 妙	
默	念	問	答	聞	音	勿	論	微	妙

眉	壽	美	醜	迷	惑	拍	手	返	納
눈썹 미	목숨 수	아름다울 미	추할 추	미혹할 미	미혹할 혹	손뼉칠 박	손 수	돌이킬 반	들일 납
𠃌 𡆥 𡆥 尸 眉 眉 眉 士 圭 圭 圭 壽 壽 壽		丷 丷 半 羊 羊 美 美 酉 酉 酉 酌 酌 醜 醜		丶 丷 꼬 米 米 迷 迷 一 口 豆 或 或 惑 惑		扌 扌 扌 扪 拍 拍 拍 一 二 三 手		一 𠂆 反 反 返 返 𡿪 幺 幺 糸 糸 紉 納	
眉	壽	美	醜	迷	惑	拍	手	返	納

盤	石	飯	湯	反	響	發	着	傍	觀
큰 돌 반	돌 석	밥 반	끓일 탕	돌이킬 반	울릴 향	떠날 발	붙을 착	곁 방	볼 관
丿 丹 舟 舟 般 般 盤	一 丁 丆 石 石	人 今 今 今 食 食 飯 飯	丶 氵 汀 沪 沪 湯 湯	一 厂 厅 反	乡 纩 纩 纩 鄉 鄉 響 響	丿 癶 癶 癶 孩 豭 發 發	丷 艹 羊 羊 羊 着 着	亻 亻 亻 仹 仹 倖 傍	艹 芊 萑 萑 萑 觀 觀 觀
盤	石	飯	湯	反	響	發	着	傍	觀

放	恣	芳	草	方	寸	妨	害	倍	加
놓을 방	방자할 자	꽃다울 방	풀 초	방위 방	치 촌	방해할 방	해칠 해	곱 배	더할 가
一 亠 方 方 方 放 放	丶 氵 次 次 次 恣 恣	丷 艹 艹 艹 艹 芳 芳	丷 艹 艹 艹 苎 苴 草	丶 一 亠 方	一 十 寸	乚 乴 女 女' 妒 妨 妨	丶 宀 宀 宝 宝 害 害	丿 亻 亻 伃 伃 倍 倍	丁 力 加 加 加
放	恣	芳	草	方	寸	妨	害	倍	加

背	泳	排	斥	配	四	白	髮	百	姓
등 배	헤엄칠 영	물리칠 배	물리칠 척	짝 배	짝 필	흰 백	머리털 발	일백 백	백성 성
⺆ ⺆ ⺆ 背背背	⺀ ⺀ ⺀ ⺀ ⺀ 泳泳	⺮ ⺮ ⺮ ⺮ ⺮ ⺮ 排	⺁ ⺁ ⺁ 斥斥	⺀ ⺆ 酉 酉 酉 配	⺀ ⺁ 兀 匹	⺀ ⺀ 白 白 白	⺀ ⺆ ⺆ 髟 髮 髮 髮	⺀ ⺁ 万 百 百 百	⺀ ⺀ ⺀ 女 姧 姓 姓
背	泳	排	斥	配	四	白	髮	百	姓

伯	氏	煩	惱	飜	譯	繁	昌	汎	愛
맏 백	성 씨	번민할 번	번뇌할 뇌	번역할 번	번역할 역	번성할 번	창성할 창	넓을 범	사랑 애
⺀ ⺀ ⺀ ⺀ 伯伯伯	⺀ ⺁ 氏 氏	⺀ ⺀ ⺀ 炉 炉 煩 煩	⺀ ⺀ ⺀ 惚 惱 惱 惱	平 采 番 番 番 飜 飜	言 訳 譯 譯 譯 譯	⺀ ⺆ 每 敏 敏 繁 繁	⼝ ⼝ 日 日 昌 昌 昌	⺀ ⺀ ⺀ ⺀ 汎 汎	⺀ ⺀ 爫 忩 忩 愛 愛 愛
伯	氏	煩	惱	飜	譯	繁	昌	汎	愛

碧	溪	辨	理	變	貌	辯	才	病	菌
푸를 벽	시내 계	분별할 변	다스릴 리	변할 변	모양 모	말잘할 변	재주 재	병 병	곰팡이 균
二 王 玠 珀 碧 碧 碧	氵 氵 沪 沪 渓 渓 溪	二 立 辛 郣 郣 郣 辨	二 王 玗 理 理 理 理	二 言 結 結 繺 繼 變	丶 𛀁 豸 豸 豹 豹 貌	二 言 訁 辛 辯 辯 辯	十 才	二 广 广 疒 病 病 病	二 艹 芍 芮 芮 菌 菌
碧	溪	辨	理	變	貌	辯	才	病	菌

竝	立	丙	寅	屏	風	寶	劍	普	及
나란히 병	설 립	천간 병	지지 인	병풍 병	바람 풍	보배 보	칼 검	널리 보	미칠 급
二 方 立 竝 竝 竝 竝	二 立 立	二 丆 丙 丙 丙	二 宀 宀 宁 宙 宙 寅	二 尸 戸 屏 屏 屏 屏	丿 几 凡 凮 風 風 風	宀 宀 宀 宇 寳 寳 寳	人 𠂆 合 侖 侖 剱 劍	二 艹 艹 並 並 普 普	丿 乃 及 及
竝	立	丙	寅	屏	風	寶	劍	普	及

保	衛	補	佐	復	舊	卜	術	複	雜
지킬 보	지킬 위	도울 보	도울 좌	회복할 복	옛 구	점 복	재주 술	겹칠 복	섞일 잡

亻 亻 亻 亻 俣 俣 保	彳 疒 疒 疒 袻 補補	ノ イ 仁 什 仕 佐佐	ク イ 乍 衧 徉 徸 復	艹 茈 莑 萑 萑 舊舊	一 卜	ノ イ 什 休 休 術術	亍 才 才 衤 袧 褙褙 褙	二 立 亲 亲 亲 亲 雜 雜

保	衛	補	佐	復	舊	卜	術	複	雜

峯	頭	蜂	蜜	逢	別	封	墳	奉	仕
봉우리 봉	머리 두	벌 봉	꿀 밀	만날 봉	헤어질 별	쌓을 봉	무덤 분	받들 봉	섬길 사

夂 屮 屮 夅 夅 夆 峯 峯	口 中 虫 虵 虵 蜂 蜂	ク 久 冬 夆 夆 逢 逢	土 圭 圭 封 封	二 三 丰 夫 表 奉 奉
一 口 豆 豆 豆 頭頭	宀 宀 宓 宓 宓 蜜 蜜	口 口 另 别 别別	土 圹 坆 坆 墳 墳 墳	ノ イ 仁 什 仕

峯	頭	蜂	蜜	逢	別	封	墳	奉	仕

鳳	枕	副	官	父	母	夫	婦	府	使
봉황 봉	베개 침	도울 부	벼슬 관	아버지 부	어머니 모	남편 부	아내 부	고을 부	벼슬이름 사
丿 几 几 凡 凤 凰 鳳 鳳	十 才 杧 杧 枕 枕	一 亠 亘 亘 畐 畐 副	丶 宀 宀 宁 官 官 官	丶 丷 父 父	乙 刀 旦 母 母	一 二 丰 夫	乚 女 女 女 娇 婦 婦	亠 广 广 庐 府 府 府 府	亻 仁 仁 信 使 使
鳳	枕	副	官	父	母	夫	婦	府	使

部	署	賦	役	赴	任	符	籍	扶	助
나눌 부	관청 서	거둘 부	부릴 역	다다를 부	맡길 임	부적 부	문서 적	도울 부	도울 조
一 亠 亠 立 咅 咅 部 部	口 皿 里 睪 罗 署 署 署	贝 目 貝 貝 貼 賦 賦	丿 彳 彳 役 役 役	十 士 キ 走 走 赴 赴	丿 亻 仁 仁 任 任	⺮ ⺮ 竹 符 符 符 符	⺮ ⺮ 笋 笋 籍 籍 籍	一 十 扌 扑 扶 扶	丨 门 月 且 助 助
部	署	賦	役	赴	任	符	籍	扶	助

付	紙	浮	沈	分	裂	粉	末	奔	忙
붙일 부	종이 지	뜰 부	잠길 침	나눌 분	흩어질 렬	가루 분	가루 말	분주할 분	바쁠 망
ノイイ付付	幺 糸 糸 紅 紙 紙	氵 氵 泸 浮 浮	氵 氵 沙 沈	ノ八分分	丁 歹 列 列 裂 裂	丷 半 米 粉 粉 粉	一 二 十 才 末	一 ナ 大 本 本 杏 奔	忄 忄 忙
付	紙	浮	沈	分	裂	粉	末	奔	忙

紛	爭	不	敏	佛	寺	崩	壞	朋	友
어지러울 분	다툴 쟁	아니 불	민첩할 민	부처 불	절 사	무너질 붕	무너질 괴	벗 붕	벗 우
幺 糸 糸 紀 紛 紛	爫 爫 皐 爭 爭	一 ア 不 不	⺈ 仁 与 每 每 敏 敏	ノ イ イ 佛 佛 佛 佛	一 十 土 士 寺 寺	山 屵 岸 岸 崩 崩 崩	土 圹 圹 壃 壞 壞	月 月 月 朋 朋 朋	一 ナ 方 友
紛	爭	不	敏	佛	寺	崩	壞	朋	友

比	較	肥	料	碑	銘	祕	密	悲	愁
견줄 비	견줄 교	거름 비	감 료	비석 비	새긴글 명	비밀할 비	비밀할 밀	슬플 비	근심 수
ᅳ ᅡᄂ ᄂ 比	ᅳ ᄆ ᄆ 車 車 輀 輕 較	月 月 月 肌 肌 肥 肥	ᅳ ᅳ 半 米 米 米 料 料	ᄀ 石 矿 矿 碑 碑 碑	丿 亼 玉 鈤 釕 釕 釾 銘 銘	ᅳ 禾 禾 利 秎 祕 祕	宀 宀 宓 宓 宓 密 密	丿 月 非 非 非 悲 悲	ᅳ 千 禾 利 秋 愁 愁
比	較	肥	料	碑	銘	祕	密	悲	愁

鼻	祖	批	評	飛	火	貧	富	頻	數
처음 비	할아비 조	비평할 비	평론할 평	날 비	불 화	가난할 빈	넉넉할 부	자주 빈	자주 삭
丿 自 鳥 島 畠 鼻 鼻	ᅳ 于 禾 利 和 祖 祖	ᅳ 扌 扌 扌 批 扗 批	ᅳ 言 言 言 訂 評 評	ᄀ 飞 飞 飛 飛 飛 飛	ᆢ 少 少 火	丿 八 分 分 贫 貧 貧	宀 宀 宫 宫 宫 富 富	ᅡ 止 屮 步 斻 頻 頻	曰 旯 婁 妻 妻 婁 數 數
鼻	祖	批	評	飛	火	貧	富	頻	數

氷	炭	事	件	邪	見	斯	界	詐	欺
얼음 빙	숯 탄	일 사	사건 건	간사할 사	볼 견	이 사	지경 계	속일 사	속일 기
ᅵ ᅵ ᄀ 氷 氷	ᅵ ᅩ ᅵ 山 户 炭 炭 炭	一 一 戸 戸 事 事 事	ノ イ イ 仁 件 件	一 厂 互 牙 '牙 ' 邪 邪	ᅵ 冂 冂 目 目 貝 見	十 艹 甘 其 其 斯 斯 斯	口 四 罒 甼 尺 界 界	一 ᅴ 言 訁 訃 訅 詐 詐	十 艹 甘 其 其 欺 欺 欺
氷	炭	事	件	邪	見	斯	界	詐	欺

沙	漠	私	腹	寫	本	賜	宴	絲	雨
모래 사	사막 막	사사 사	배 복	베낄 사	책 본	줄 사	잔치 연	실 사	비 우
ᅢ ᅢ ᅢ ᅢ 沙 沙 沙	ᅢ ᅢ ᅢ 沽 淳 渲 漠	一 二 千 禾 禾 私 私	刀 月 胪 胪 腹 腹 腹	ᅡ ᅡ 宀 宓 宓 寫 寫	一 十 才 木 本	刀 目 貝 貝 貯 貯 賜 賜	ᅡ ᅡ 宀 宀 官 官 宴 宴	ᅩ ᅩ 糸 紒 絆 絲 絲	一 厂 冂 雨 雨 雨 雨
沙	漠	私	腹	寫	本	賜	宴	絲	雨

46

社	員	思	惟	謝	恩	史	蹟	射	亭
단체 사	사람 원	생각할 사	생각할 유	사례할 사	은혜 은	역사 사	자취 적	쏠 사	정자 정
一 亠 亍 示 示 社 社	口 日 日 月 月 昌 員	口 日 田 田 思 思 思	忄 忄 忄 忙 忙 惟 惟	亠 言 計 訂 訮 謝 謝	口 日 円 因 因 因 恩 恩	口 口 史 史	口 尸 묘 跞 跡 蹟 蹟	丿 刂 身 身 身 射 射	亠 亠 古 占 高 高 亭
社	員	思	惟	謝	恩	史	蹟	射	亭

師	弟	四	柱	死	活	司	會	山	頂
스승 사	제자 제	넉 사	기둥 주	죽을 사	살 활	맡을 사	모일 회	메(뫼) 산	정수리 정
丿 亻 亻 亻 自 師 師	丷 丷 弓 弟 弟 弟	丨 口 四 四 四	一 十 木 栌 杧 柱 柱	一 厂 歹 歹 死 死	氵 氵 汗 汗 活 活	丁 刁 刁 司 司 司	丿 人 仐 命 會 會 會	丨 山 山	一 丁 丆 顶 頂 頂 頂
師	弟	四	柱	死	活	司	會	山	頂

森	林	三	杯	霜	菊	桑	麻	祥	夢
빽빽할 삼	수풀 림	석 삼	잔 배	서리 상	국화 국	뽕나무 상	삼 마	상서로울 상	꿈 몽
一十木朩森森森	十才木木村材林	一二三	十才木木村杉杯	一帀帀霏霏霜霜	艹艹芍芍苭菊菊	又叒叒叒桑桑	广广庐庐庐麻麻	二亍禾礻祥祥祥	艹艹苩苩苩夢夢
森	林	三	杯	霜	菊	桑	麻	祥	夢

嘗	味	喪	服	相	似	象	牙	賞	狀
맛볼 상	맛 미	죽을 상	옷 복	서로 상	같을 사	코끼리 상	어금니 아	상 상	문서 장
艹尚尚尚尚嘗嘗	口口叮叮咩味味	一十圠亜亜亜喪	月月月肝服服	十才朩相相相相	亻亻仏仏似似	夕夕名多多象象	二于牙	尚尚尚賞賞賞	丬爿爿壯壯狀狀
嘗	味	喪	服	相	似	象	牙	賞	狀

商	店	色	彩	書	架	庶	幾	徐	步
장사 상	가게 점	빛 색	채색 채	책 서	시렁 가	거의 서	거의 기	천천할 서	걸음 보
丶亠产产产商商	亠广广庐庐店店	⺈ク夕夕色色	丶⺍平平采彩彩	⊐⋻⋻聿聿書書書	⊐力加加架架架	亠广广庐庐庶庶庶	丶幺 丝丝丝丝縗幾幾	ノクイ 彳彳彳徐徐徐	⌐⊦⊦止⺊步步
商	店	色	彩	書	架	庶	幾	徐	步

敍	述	恕	之	惜	敗	旋	律	鮮	明
쓸 서	지을 술	용서할 서	어조사 지	아까울 석	패할 패	돌릴 선	음률 률	고울 선	밝을 명
ノ⺈⺈余余余敍敍	十才术求述述	乀夕女如如恕恕	丶宀之	丶⺁忄忄忄惜惜	冂冂目貝貝敗敗	亠亠方方扩旗旋旋	彳彳彳彳律律律	⺈刍鱼鱼鮮鮮鮮	冂冂日日明明明
敍	述	恕	之	惜	敗	旋	律	鮮	明

先	輩	船	積	宣	布	城	郭	省	墓
먼저 선	무리 배	배 선	쌓을 적	펼 선	펼 포	재 성	외성 곽	살필 성	무덤 묘
ノ 亠 生 先 先	非 非 非 非 輩 輩 輩	ノ 刀 月 月 舟 船 船 船	千 禾 秆 秸 精 積 積	宀 宀 宀 官 宣 宣	ノ 大 ナ 才 布 布	十 圵 圵 圷 城 城 城	亠 亨 亨 亨 亨 郭 郭	十 小 少 少 省 省 省	艹 苎 莒 莫 莫 墓 墓
先	輩	船	積	宣	布	城	郭	省	墓

聲	調	歲	費	洗	濯	騷	客	所	期
소리 성	가락 조	해 세	쓸 비	씻을 세	빨래 할 탁	시부 소	나그네 객	바 소	기약할 기
士 吉 声 殸 殸 聲 聲	宀 言 言 訓 訓 調 調	一 止 广 广 岁 歲 歲	一 弓 弗 费 费 费 費	氵 汁 汁 汫 洗 洗	氵 氵 渭 渭 濯 濯	甲 馬 馬 馭 駱 騷 騷	宀 宀 安 安 安 客 客	宀 戶 戶 所 所 所	一 廿 其 其 期 期 期
聲	調	歲	費	洗	濯	騷	客	所	期

召	命	素	朴	昭	詳	蘇	生	訴	訟
부를 소	분부 명	본디 소	순박할 박	밝을 소	자세할 상	깨어날 소	살 생	송사할 소	송사할 송
ㄱㄱㄱ召召	人人人合合合命命	一キ圭丰夫素素	一十才木朴朴	丨冂日日日昭昭昭	ᅳᆖᆖ言言詳詳詳	艹艹蔚蔚蔚蘇蘇	ノヒ仁牛生	ᅳᆖᆖ言言訂訴訴	ᅳᆖᆖ言言訟訟訟
召	命	素	朴	昭	詳	蘇	生	訴	訟

消	息	小	臣	掃	除	疎	忽	粟	米
다할 소	숨쉴 식	작을 소	신하 신	쓸 소	덜 제	성길 소	소홀할 홀	조 속	쌀 미
ᅳ氵氵沪消消消	ノ竹自自息息息	亅小小	一下五五至臣	扌扌护护掃掃	ᄀ阝阝阶阶除除	フマ正正距疎疎	ノ勹勿勿忽忽忽	一両西西要栗粟粟	丶丷丷半米米
消	息	小	臣	掃	除	疎	忽	粟	米

損	益	誦	讀	松	柏	送	迎	衰	殘
잃을 손	더할 익	읽을 송	읽을 독	소나무 송	잣나무 백	보낼 송	맞을 영	쇠할 쇠	남을 잔
扌扌扌押捐損損	ハ八公公谷益益	一言言訒訒誦誦	言言言訮讀讀讀	十才木木松松松	十才木木札柏柏	ハ丷半关详送	卬卬迎迎	一亠亠亠亠亠衰	アヌ歹歹歹殘殘
損	益	誦	讀	松	柏	送	迎	衰	殘

需	給	修	了	誰	某	首	尾	隨	想
구할 수	줄 급	닦을 수	마칠 료	누구 수	아무 모	머리 수	꼬리 미	따를 수	생각 상
一雨雨雩雩需需	幺糸糹紒紒給給	亻亻伆修修修修	了了	一言言訃訃誰誰	一十廿廿甘某某	丷丷丷首首首首	アコ尸尸尸尾尾	阝阝陏陏隋隨隨 十木相相想想想	十木相相想想想
需	給	修	了	誰	某	首	尾	隨	想

授	受	雖	然	收	穫	熟	練	宿	昔
줄 수	받을 수	비록 수	그럴 연	거둘 수	거둘 확	익숙할 숙	익힐 련	잘 숙	옛 석
一才才才护护授授	ハマでで四四受	口吊虽虽歌雖雖	クタ夕外外然然然	一川屮屮屮收	二禾禾禾禾稚稚穫	一古亨孰孰孰熟熟	乡乡乡糸糸紳練	一户户户户宿宿宿	一廿廿廿昔昔昔
授	受	雖	然	收	穫	熟	練	宿	昔

孰	哉	叔	姪	瞬	間	殉	教	旬	朔
누구 숙	어조사 재	아재비 숙	조카 질	눈깜짝할 순	사이 간	바칠 순	종교 교	열흘 순	초하루 삭
一古亨亨享剪孰孰	十土吉吉哉哉哉	一上才才未叔叔	く女女女妒姪姪	目旷旷眵眵瞬瞬瞬	門門門門門問間	一厂歹歹殉殉殉殉	ノメ孝孝孝教教教	丿勹勹旬旬旬	ᅩᅩᅩ前前朔朔朔
孰	哉	叔	姪	瞬	間	殉	教	旬	朔

巡	視	順	逆	純	乎	循	環	崇	尚
돌 순	볼 시	좇을 순	거스를 역	순수할 순	어조사 호	두루 돌 순	두를 환	높일 숭	숭상할 상
〈〈《《巛巛巡巡	二千示和和祖視	丿刂刂刂刂順順順	一〉〉〉逆逆逆	〈幺幺糹糹紅紅純	一〈二厂乎乎	彳彳矴彴衏衏循循	王玎玑玑玑環環	屵屵屵屵巣崇崇	丨丿小小爪尙尙
巡	視	順	逆	純	乎	循	環	崇	尚

拾	遺	昇	降	勝	負	僧	俗	乘	醉
주울 습	잃을 유	오를 승	내릴 강	이길 승	패할 부	중 승	속될 속	탈 승	취할 취
扌扌扒拎拾拾 口虫虫書書貴讀遺	口口曰旦皀界昇 阝阝阼阼降降降降	刂月肵肵朕勝勝 勹勹刍奂负負負	亻亻仆俩俩僧僧僧 亻亻仆仵伙伀俗俗	一千千乖乖乘乘 一冂两酉酉酔醉醉
拾	遺	昇	降	勝	負	僧	俗	乘	醉

市	街	是	非	施	設	始	終	侍	從
도시 시	거리 가	옳을 시	그를 비	베풀 시	베풀 설	처음 시	마칠 종	모실 시	좇을 종
亠宀亣市	彳彳彳彳街街街	丶日旦早早是是	ノ丿刂刂非非非	亠亠方扩扩施施	亠言言訁訳設設	乚夊女妒妒始始	幺幺糸糸終終	亻亻亻件侓侍侍	彳彳彳彳従従從
市	街	是	非	施	設	始	終	侍	從

試	驗	食	堂	植	樹	申	告	辛	未
시험할 시	시험할 험	밥 식	집 당	심을 식	나무 수	알릴 신	알릴 고	천간 신	지지 미
亠言訁訂訂試試	馬馬馬駅驗驗驗	人人今今今食食	卝卝尚尚堂堂	十木杧杧柏植植	木栉栉桔植樹樹	口曰日申	亠牛牛牛告告	亠亠亠立立辛	一二丰末未
試	驗	食	堂	植	樹	申	告	辛	未

神	仙	晨	昏	深	潭	尋	訪	審	判
신선 신	신선 선	새벽 신	어두울 혼	깊을 심	못 담	찾을 심	찾을 방	살필 심	판단할 판
一丁亓亓礽礽神	ノイ仏仙仙	口日尸尸戶晨晨	一广午氏昏昏昏	氵氵汈汈深深深	氵氵汈汈潭潭潭	一コヨヨョ尋尋	一ㄴ言言言訪訪	宀宀宓宓家審審	ノ八ハᅳ半半判
神	仙	晨	昏	深	潭	尋	訪	審	判

十	升	雙	淚	亞	流	阿	附	眼	鏡
열 십	되 승	쌍 쌍	눈물 루	버금 아	갈래 류	아첨할 아	붙을 부	눈 안	안경 경
一十	ノ二千升	イイ亻隹雔雙雙	氵氵汒沪浐浐淚	一戸亍函函亞亞	氵氵氻沂浐浐流	阝阝阝阿阿阿	阝阝阝阝阝附附	刂目目目即眼眼	ノ今金釒鈶鏡鏡
十	升	雙	淚	亞	流	阿	附	眼	鏡

雁	鴻	謁	聖	暗	黑	仰	請	涯	際
기러기 안	큰기러기 홍	뵈올 알	성인 성	어두울 암	검을 흑	우러를 앙	청할 청	물가 애	가 제
一厂厂厂厂雁雁雁	氵氵广沪鸿鸿鸿	二言訂訂謁謁謁	丁王耳耵聖聖聖	日旷旷旷昨暗暗	口甲四甲里黑黑	ノイイ化化仰	二言言訂訢請請	氵沪沪沪涯涯涯	阝阝阝阽阽際際
雁	鴻	謁	聖	暗	黑	仰	請	涯	際

哀	歡	也	矣	耶	兮	若	茲	楊	柳
슬플 애	기뻐할 환	어조사 야	어조사 의	어조사 야	어조사 혜	같을 약	이 자	버들 양	버들 류
二古古戶亨哀哀	艹艹莢莭莭歡歡	フ九也	厶厶厽矣矣矣	一下王耳耶耶耶	八公兮	艹艹芝芒若若	艹艹茐茲茲茲茲	十木朾枵楊楊楊	十木术杓杨柳柳
哀	歡	也	矣	耶	兮	若	茲	楊	柳

揚	陸	羊	毛	養	蠶	洋	畵	御	床
올릴 양	뭍 륙	양 양	털 모	기를 양	누에 잠	서양 양	그림 화	어거할 어	평상 상
才扌护护捐揚	阝阝阡陆陸陸	丷丷羊羊羊	二三毛	丷羊美羪養養	残殘殘蠶蠶	氵氵浐浐洋洋	聿聿書書畵	彳彳徉徉御御	亠广庁庁床床
揚	陸	羊	毛	養	蠶	洋	畵	御	床

於	焉	語	節	漁	獲	億	萬	抑	壓
어조사 어	어조사 언	말씀 어	마디 절	고기 잡을 어	얻을 획	억 억	일만 만	누를 억	누를 압
亠方方於於於	下正玉焉焉焉	言訂評語語	竹竹竹節節節	氵氵沐渔漁漁	犭犭犵獕獲獲	亻伫停倍倍億	艹甘萬萬萬萬	扌扌扣扣抑抑	厂尸厊厭厭壓壓
於	焉	語	節	漁	獲	億	萬	抑	壓

嚴	肅	業	績	興	望	汝	余	予	曰
엄숙할 엄	엄숙할 숙	업 업	공적	여럿 여	바랄 망	너 여	나 여	나 여	가로 왈
严严严罪罪嚴	声声严肃肃肅	业业业业業業	纟条糸紉緕繢績	臼臼鈿鈿魚興	亡亡切玥望望	氵氵汇汝汝	人人人人余余余	又又予予	曰曰曰曰
嚴	肅	業	績	興	望	汝	余	予	曰

餘	韻	亦	如	疫	疾	鉛	鑛	硏	究
남을 여	운치 운	또 역	같을 여	염병 역	병 질	납 연	쇳돌 광	연구할 연	궁구할 구
人人食食飮餘餘	立音音的韵韻韻	亠亠广方亦亦	乀女女如如如	亠广疒疒疒疫疫	亠广疒疒疒疾疾	人车金釒釒鉛鉛	车金釘鉚鑛鑛鑛	一丁石石石硏硏	宀宀宀宀宀究
餘	韻	亦	如	疫	疾	鉛	鑛	硏	究

演	壇	燕	麥	燃	燒	沿	岸	軟	弱
행할 연	단 단	제비 연	보리 맥	불 탈 연	불사를 소	물 좇을 연	언덕 안	연할 연	약할 약
氵汀沪洧演演演	扌圹圹坷坤墰壇	艹甘甘甘甜燕燕 一ㄷㅉ來夾麥麥	丷丬火炒炒燃燃燃 丷火炇炶烒燒燒燒	氵冫氵氵汋汋沿沿 屵屵屵屵屵岸岸	冂旦車軒軒軟軟 ㄱ丏弔弱弱弱弱
演	壇	燕	麥	燃	燒	沿	岸	軟	弱

緣	由	硯	滴	煙	戶	鹽	酸	英	傑
인연 연	까닭 유	벼루 연	물방울 적	연기 연	집 호	소금 염	실 산	뛰어날 영	뛰어날 걸
纟糸紵紵絡緣緣 丨冂曰由由	丆石矴矴硯硯硯 氵氵沪沪滴滴滴	丷火炉炳炳炳煙 ㆍㄱㅋ戶	彐臣臣盼盼鹽鹽鹽 冂酉酉酌酌酸酸酸	一十艹节荰荰英英 ノイ伊伊伊傑傑傑
緣	由	硯	滴	煙	戶	鹽	酸	英	傑

榮	枯	永	遠	映	窓	銳	鈍	吾	黨
영화 영	마를 고	길 영	멀 원	비칠 영	창 창	날카로울 예	둔할 둔	나 오	무리 당

榮 枯 永 遠 映 窓 銳 鈍 吾 黨

梧	桐	五	倫	傲	慢	午	睡	汚	辱
오동나무 오	오동나무 동	다섯 오	인륜 륜	거만할 오	거만할 만	낮 오	잠잘 수	더러울 오	욕 욕

梧 桐 五 倫 傲 慢 午 睡 汚 辱

烏	竹	玉	篇	溫	冷	翁	姑	臥	龍
검을 오	대 죽	구슬 옥	책 편	따뜻할 온	찰 랭	아버지 옹	시어미 고	누울 와	용 룡
ﾉ ﾉﾟ ⺈ 烏 烏 烏 烏 ﾉ ﾉ ⺈ ⺇ ﾉﾟ 竹	一 二 干 王 玉 ⺈ 竹 竺 产 产 篇 篇	氵 沪 沪 泗 泗 溫 溫 溫 丶 冫 氵 冫八 冷 冷	八 公 公 今 翁 翁 翁 翁 ﾉ 女 女 女ﾟ 女ﾟ 姑 姑 姑	⼀ ⼚ ⼚ ⼚ 臣 臥 臥 立 产 育 育 青 龍 龍 龍

烏	竹	玉	篇	溫	冷	翁	姑	臥	龍

緩	急	完	遂	往	來	王	妃	畏	兄
느릴 완	빠를 급	완전할 완	이룰 수	갈 왕	올 래	임금 왕	왕비 비	두려워할 외	맏 형
幺 糸 紀 紹 紹 緩 緩 緩 ﾟ 勹 刍 刍 急 急 急	丶 ⼋ 宀 宁 宁 完 完 凸 少 乡 豕 豕 逐 遂 遂	ﾉ ﾉ ⼻ ⼻ 行 行 往 一 厂 厂 厂 夾 來 來	⼀ ⼆ 干 王 乚 女 女 如 如 妃	口 田 田 甲 畏 畏 畏 口 口 尸 兄

緩	急	完	遂	往	來	王	妃	畏	兄

腰	刀	搖	籃	遙	拜	要	塞	牛	角
허리 요	칼 도	흔들 요	바구니 람	멀 요	절 배	중요할 요	요새 새	소 우	뿔 각

腰	刀	搖	籃	遙	拜	要	塞	牛	角

于	今	優	劣	羽	翼	宇	宙	郵	票
어조사 우	이제 금	뛰어날 우	못할 렬	날개 우	날개 익	하늘 우	하늘 주	우편 우	표 표

于	今	優	劣	羽	翼	宇	宙	郵	票

憂	患	又	況	運	輸	云	謂	原	稿
근심 우	근심 환	또 우	하물며 황	옮길 운	실어낼 수	이를 운	이를 위	근원 원	원고 고
一丆丙百夏夏憂憂	口口呂呂串串患患	フ又	氵氵汃汜況況	一口日月宣軍運運	百車車軒軒軒輪輪輪	一二云云	二三言訁訓訓謂謂謂	一厂厂厅厉原原原	千禾禾秆秆稿稿稿
憂	患	又	況	運	輸	云	謂	原	稿

圓	舞	元	帥	怨	尤	源	泉	越	牆
둥글 원	춤출 무	으뜸 원	장수 수	원망할 원	탓할 우	근원 원	샘 천	넘을 월	담 장
丨冂冂冋同圊圓圓	一二無無無舞舞舞	一二テ元	亻亻亻自自帥帥	夕夕夗夗怨怨怨怨	一ナ尤尤	氵氵汀沥沥沥源源	亻亇白白白身身泉	十丰走走越越越越	爿爿扩护护牆牆牆
圓	舞	元	帥	怨	尤	源	泉	越	牆

危	徑	違	例	慰	安	偉	容	胃	腸
위태할 위	지름길 경	어길 위	법식 례	위로할 위	평안할 안	위대할 위	얼굴 용	밥통 위	창자 장
ノク 产 产 危	ク名 彳 彳 徑 徑 徑	当 音 音 韋 違 違	イ 仁 仁 仔 仔 例 例	ヨ 尸 屏 屏 尉 尉 慰	` 宀 宀 安 安	イ イ 什 件 偉 偉 偉	` 宀 宀 灾 灾 容 容	` 口 田 円 胃 胃 胃 月 月 肥 肥 胚 腸 腸	
危	徑	違	例	慰	安	偉	容	胃	腸

爲	主	委	託	威	脅	悠	久	誘	導
할 위	주인 주	맡길 위	부탁할 탁	으를 위	으를 협	멀 유	오랠 구	꾈 유	이끌 도
^ 产 产 产 爲 爲 爲 二 二 主 主	二 千 禾 禾 禾 委 委 ` ᅳ 言 言 言 託 託	厂 厂 反 反 反 威 威 フ カ カ 脅 脅 脅 脅	イ 仁 仙 攸 悠 悠 悠 ノ ク 久	二 言 言 討 誘 誘 誘 ` 芦 芦 首 首 導 導 導					
爲	主	委	託	威	脅	悠	久	誘	導

有	無	維	新	愈	甚	猶	豫	遊	娛
있을 유	없을 무	개혁 유	새 신	더욱 유	심할 심	망설일 유	꾸물거릴 예	놀 유	즐거워할 오
ノナ冇有有有	ヒ亡無無無無	幺糸糹糾紵維維維	入入介育育愈愈愈	十卄卄甘其甚甚	ノ犭犭犭狞狞猶猶	マ予予矛豫豫豫豫	ヽ方扩访游游遊	女女奶奶奶娛娛
有	無	維	新	愈	甚	猶	豫	遊	娛

唯	一	裕	足	乳	臭	幼	稚	幽	閉
오직 유	한 일	넉넉할 유	넉넉할 족	젖 유	냄새 취	어릴 유	어릴 치	가둘 유	가둘 폐
口叮叮叮唯唯唯 一	フオネネ衤袷裕裕裕 丶口口甲甲足足	ノヒビ竻孚孚乳 ノ门冇白白皁臭臭	ㄠㄠ幺幻幼 二禾利利稚稚稚	l l' l' l' l' l' l' l' l' l' l l' l' l' l' l' l' l' l' l' l'					
唯	一	裕	足	乳	臭	幼	稚	幽	閉

儒	學	肉	身	潤	氣	閏	月	隱	蔽
유교 유	학문 학	몸 육	몸 신	윤택할 윤	기운 기	윤달 윤	달 월	숨을 은	가릴 폐
亻仁仟傗傗儒儒	丨冂内内肉肉	氵氵氵沪沪潤潤潤	丆丆气气氧氧氣	卩卩門門門閏閏	丿刀月月	阝阝阝陘陸隱隱	艹艹艹芦菏蔽蔽		
儒	學	肉	身	潤	氣	閏	月	隱	蔽

銀	漢	乙	丑	吟	詠	陰	陽	邑	誌
은빛 은	은하수 한	천간 을	지지 축	읊을 음	읊을 영	그늘 음	볕 양	고을 읍	기록 지
亼牟金釣釣釼銀	氵汁汁洪洪洪漢漢	乙	刁刀卫丑	丨口口叭叭吟吟	亠言言訂訶詠	阝阝阝陉陰陰陰	阝阝阝阳阳陽陽	丨口口呂呂呂邑	亠言言計註誌誌
銀	漢	乙	丑	吟	詠	陰	陽	邑	誌

應	援	依	賴	衣	裳	疑	心	意	欲
응할 응	도울 원	의지할 의	의지할 뢰	옷 의	치마 상	의심할 의	마음 심	뜻 의	하고자할 욕
广厂疒疒雁雁應應	扌扌扩护护援援	亻亻仁伊依依依	一巾束刺刺頼頼	丶亠亠才衣衣	丷丵尙堂堂掌裳	匕上矢矣紆紆疑	丶心心心	一亠立音音意意	八父谷谷欲欲欲
應	援	依	賴	衣	裳	疑	心	意	欲

醫	院	耳	目	以	北	而	已	貳	丈
의원 의	집 원	귀 이	눈 목	써 이	북녘 북	뿐 이	뿐 이	두 이	길 장
医医殿殿醫醫醫	阝阝阝阼陀陀院院	一丁FF王耳	丨冂月月目	丶乚厶以以	一ブ非非北	一一一丙而而	一¬己	一二弍弍音貳貳	一ナ丈
醫	院	耳	目	以	北	而	已	貳	丈

移	轉	夷	險	因	果	忍	耐	刃	傷
옮길 이	옮길 전	평평할 이	험할 험	까닭 인	결과 과	참을 인	견딜 내	칼날 인	상할 상
千禾禾移移移移	一亘車輕轉轉轉	一ㄱㅋ弖弔夷夷	阝阝阶险险險險	丨冂冂冃冈因因	丨冂日曰早果果	刁刀刃忍忍忍	一厂丆丙而耐耐	刁刀刃	亻仁侉侉侉傷傷傷
移	轉	夷	險	因	果	忍	耐	刃	傷

印	刷	仁	慈	引	責	姻	戚	日	輪
찍을 인	박을 쇄	어질 인	사랑 자	떠맡을 인	책임 책	혼인 인	친척 척	해 일	바퀴 륜
一广斤斥印印	ㄱ尸尸尸吊刷刷	丿亻仁仁	丷丷产兹兹慈慈	一コ弓引	一丰丰丰青青責責	乚女女如妒姻姻	厂厃厈府戚戚戚	丨冂日日	一亘車軡軡輪輪
印	刷	仁	慈	引	責	姻	戚	日	輪

壹	般	資	格	紫	檀	姉	妹	刺	殺
한 일	일반 반	지위 자	품격 격	자주빛 자	박달나무 단	누이 자	아래누이 매	찌를 자	죽일 살

士 吉 吉 吉 壹 壹 壹
丿 几 月 月 舟 舟 般 般

次 汀 次 咨 資 資
木 札 杉 格 格 格

此 此 此 紫 紫 紫
木 栌 柠 檀 檀 檀

女 女 好 姉 姉
女 女 好 妹 妹

巾 束 束 刺 刺
羊 希 糸 殺 殺

雌	雄	自	他	姿	態	字	劃	爵	祿
암컷 자	수컷 웅	스스로 자	남 타	맵시 자	태도 태	글자 자	획 획	벼슬 작	녹 록

此 此 雌 雌 雌 雌 雌
左 灶 灶 雄 雄 雄 雄

丿 自 自 自 自
亻 仦 他 他

次 次 姿 姿
台 自 能 能 態 態

宁 字 字
書 書 書 劃 劃

爵 爵 爵
示 於 於 祿 祿

昨	春	暫	留	潛	跡	壯	途	帳	幕
지날 작	봄 춘	잠깐 잠	머무를 류	숨길 잠	발자취 적	씩씩할 장	길 도	장막 장	장막 막

昨	春	暫	留	潛	跡	壯	途	帳	幕

莊	園	將	卒	長	銃	栽	培	災	殃
별장 장	동산 원	장수 장	군사 졸	길 장	총 총	심을 재	북돋울 배	재앙 재	재앙 앙

莊	園	將	卒	長	銃	栽	培	災	殃

在	位	再	訂	抵	觸	貯	蓄	赤	道
있을 재	자리 위	거듭 재	바로잡을 정	맞닥뜨릴 저	범할 촉	쌓을 저	쌓을 축	붉을 적	길 도
一ナオわ在在在	イイ仁伫位位	一冂冂冂月再再	一言言言言訂	扌扌扩扩扺抵抵	勹角角解觸觸觸	冂目貝貯貯貯貯	艹茅茅茅茅蓄蓄	一十土+ヂ赤赤赤	丷丷产首首首道道
在	位	再	訂	抵	觸	貯	蓄	赤	道

賊	徒	摘	芽	敵	侵	的	確	田	畓
도둑 적	무리 도	딸 적	싹 아	원수 적	침노할 침	적실할 적	확실할 확	밭 전	논답
冂目貝財賊賊賊	ク彳彳行祥待徒	扌扌扩扩摘摘摘	艹艹艹芊芽芽	一亠产商商敵敵敵	ノイ仁仁伒侵侵	ノイ白白白的的的	乛石砕砕碎確確	丨冂冃田田	水水夳夳畓畓
賊	徒	摘	芽	敵	侵	的	確	田	畓

展	覽	全	滅	典	雅	傳	染	專	制
펼 전	볼 람	온통 전	멸망할 멸	법 전	아담할 아	전할 전	물들 염	오로지 전	법도 제
⁻尸尸屈屈展展	ノ入入今今全全	⺀ㄠ冂曲曲曲典典	イ亻侢俥俥傳傳	⁻ 一 叀 叀 叀 專 專					
⁵丐𦥯臨睤覽覽	氵汜汜沪沪滅滅	ㄴ𠂆牙邪雅雅雅	氵氵氿氿染染染	⺀ ㇉ ㇉ 与 生 制 制					
展	覽	全	滅	典	雅	傳	染	專	制

前	後	絶	叫	折	枝	占	領	漸	次
앞 전	뒤 후	끊을 절	부르짖을 규	꺾을 절	가지 지	차지할 점	거느릴 령	점점 점	차례 차
⁻ ⺀ 方 方 前 前 前	ㄴ幺糸糽紀絶絶	⁻ 十 才 扌 扩 扩 折	ㅣㅏㅑ占占	氵汀汩汩渐漸漸					
㇐彳彳律律後後	ㅣㅁㅁ叫叫	十木木村杉枝	㇉夕夕令命領領領	⺀⺀氿氿次次					
前	後	絶	叫	折	枝	占	領	漸	次

接	賓	停	車	淨	潔	正	南	征	伐
맞을 접	손 빈	머무를 정	수레 거	깨끗할 정	깨끗할 결	바를 정	남녘 남	칠 정	칠 벌
扌 扌 扩 护 按 接 接	宀 宀 宀 宀 宷 宲 賓	丿 亻 仁 仁 停 停 停 停	一 ㄷ 冂 冃 百 亘 車	氵 氵 氵 氵 淨 淨 淨	氵 氵 氵 氵 潔 潔 潔	一 丁 下 正 正	十 广 内 内 南 南 南	丿 夂 彳 彳 行 征 征	丿 丿 亻 亻 代 伐 伐
接	賓	停	車	淨	潔	正	南	征	伐

精	誠	貞	淑	井	底	整	齊	丁	亥
정성 정	정성 성	곧을 정	맑을 숙	우물 정	밑 저	가지런할 정	가지런할 제	천간 정	지지 해
丷 十 米 米 精 精 精	亠 亠 言 訂 訪 誠 誠	卜 广 内 卣 自 貞 貞	氵 氵 氵 汁 沐 淑 淑	一 二 于 井	亠 广 广 庐 庀 底 底	曰 束 敕 敕 敕 整 整	亠 亠 帝 帝 齊 齊 齊	一 丁	亠 亠 亠 亥 亥 亥
精	誠	貞	淑	井	底	整	齊	丁	亥

提	供	堤	防	祭	祀	題	辭	第	二
내놓을 제	이바지 공	방죽 제	막을 방	제사 제	제사 사	머리말 제	말 사	차례 제	두 이
扌扌扫扫护拱提	ノイ仁件件供供	扌扌扫坦坦坦堤	冫了阝阝广防防	クタ夕夕夕夕祭祭	二千千禾和和祀	口日早是是題題	辛辛辛辛辭辭辭	广广竹竹笃笃第第	一二
提	供	堤	防	祭	祀	題	辭	第	二

製	品	諸	侯	照	臨	早	晚	朝	暮
지을 제	물품 품	모든 제	제후 후	비칠 조	다다를 림	일찍 조	늦을 만	아침 조	저물 모
亻制制制製製	口口品品品	言計計許許諸諸	ノイ仁伊伊侯侯	口日日昭昭照照	手臣盱盱臨臨臨	一口日旦早	日旷晚晚晚晚晚	十古古車朝朝朝	艹艹苩苩莫幕暮
製	品	諸	侯	照	臨	早	晚	朝	暮

弔	詞	租	稅	燥	濕	組	版	族	譜
조상할 조	글 사	세금 조	세금 세	마를 조	젖을 습	짤 조	판목 판	겨레 족	계보 보
ㄱㄱㅋ弔	ㄴㄴㄹ言訂詞詞	二千禾和和和租	二千禾和秒秒稅	ㆍㆍㅊ炉炉炉燥燥	ㆍ沪沪沪沪濕濕濕	ㅅㄠ糸紐細組組	ㅣㄱㅐㅐㅐ版版	ㄴㅡㅎㅎㅎㅎ族	ㄴㅎ言言言諮譜譜
弔	詞	租	稅	燥	濕	組	版	族	譜

尊	卑	宗	廟	縱	橫	坐	禪	左	右
높을 존	낮을 비	종묘 종	사당 묘	세로 종	가로 횡	앉을 좌	선 선	왼 좌	오른 우
ㅅㅓㅆㅆ㕽尊尊	ㅅㅁ白白由鱼卑	ㆍㅗㅗㅗ宇宗宗	广广库府府廟廟	ㅅㄠ糸絣絣絲絲縱	十木㭕㭕㮵橫橫	ㅅㅅㅅ坐坐	ㆍㅊㅊㅊㅊ禮禪	一ナ七右左	ノナ才右右
尊	卑	宗	廟	縱	橫	坐	禪	左	右

76

罪	囚	州	民	注	釋	株	式	朱	顏
허물 죄	죄수 수	고을 주	백성 민	주석할 주	풀 석	주식 주	법 식	붉을 주	얼굴 안
罪	囚	州	民	注	釋	株	式	朱	顏

晝	夜	周	圍	住	宅	俊	秀	遵	守
낮 주	밤 야	둘레 주	둘레 위	살 주	집 택	뛰어날 준	빼어날 수	좇을 준	지킬 수
晝	夜	周	圍	住	宅	俊	秀	遵	守

仲	媒	重	文	中	央	卽	席	增	强
중개할 중	중매 매	겹칠 중	글월 문	가운데 중	가운데 앙	곧 즉	자리 석	더할 증	굳셀 강
ノイイ 仁伊仲	、二千百重重重	、ロロ中	、ナ方文	、ロロ中	、ロワ央央	、ㅓ白白白皀卽	广广庐庐庐席席	ォォ圹圹圴增增	、弓弓弭弼强强
仲	媒	重	文	中	央	卽	席	增	强

證	券	曾	孫	憎	惡	智	略	支	拂
증거 증	문서 권	거듭 증	손자 손	미워할 증	미워할 오	슬기 지	꾀 략	줄 지	털 불
訁訁訡訡訤證證	八兰竹头券券	丷八竹竹曲曾曾	了孑孫孫孫孫	忄忄忄悄憎憎憎	一亜亞亞惡惡	左矢知知智智	口田田畔畔略略	一十支支	ォォ扩扩扌拂拂
證	券	曾	孫	憎	惡	智	略	支	拂

持	說	遲	速	知	識	志	操	指	揮
가질 지	말씀 설	더딜 지	빠를 속	알 지	알 식	뜻 지	지조 조	가리킬 지	휘두를 휘
一寸扌扩扩扩持持	二言言計說說說	尸尸屈屋犀遲遲	一口申束速速速	一广午矢知知知	言言訂諮諮識識	一十士志志志志	扌扌扌押押捁捁操	一寸扌扩扩扩指指	一寸扌扩扩掊揎揮
持	說	遲	速	知	識	志	操	指	揮

陳	腐	陣	營	眞	僞	珍	藏	盡	忠
묵을 진	썩을 부	진 진	진영 영	참 진	거짓 위	보배 진	감출 장	다할 진	충성 충
阝阝阝阳陳陳陳	广广广府府腐腐	阝阝阝阳阳陣	艹艹灶营営營營	一匕匕盲盲直眞	亻亻伫伫僞僞	一二王玮玮珍珍	艹艹苧菣菣藏藏	一三聿肀肀盡盡	丶口口中忠忠忠
陳	腐	陣	營	眞	僞	珍	藏	盡	忠

鎭	痛	進	退	振	幅	辰	韓	秩	序
진압할 진	아플 통	나아갈 진	물러날 퇴	떨 진	폭 폭	별 진	나라이름 한	차례 질	차례 서
ノ 金 釒 釕 鎔 鎮 鎭 ᅳ 广 广 疒 疒 病 痛 痛		イ 亻 广 乍 佳 淮 進 ᄀ ᄏ 尸 艮 艮 退 退		扌 扌 扩 护 抃 振 振 口 巾 巾 帜 帽 幅 幅		ᅳ 厂 厈 戸 辰 辰 辰 十 古 草 軐 軩 韓 韓		ᅳ 千 禾 禾 秒 秒 秩 丶 宀 广 戶 庐 序	
鎭	痛	進	退	振	幅	辰	韓	秩	序

執	脈	集	散	懲	戒	徵	兆	差	額
잡을 집	맥 맥	모을 집	흩을 산	징계할 징	경계할 계	조짐 징	조짐 조	어긋날 차	수효 액
十 圥 吉 幸 刲 執 執 刀 月 肝 肝 脈 脈 脈		イ 亻 亻 佳 隹 集 集 集 艹 丗 芇 芇 昔 散 散		彳 徉 徨 徨 徵 懲 懲 ᅳ 二 千 开 戒 戒 戒		彳 徉 徉 徨 徨 徵 徵 丿 刂 刂 兆 兆 兆		丷 丷 丷 羊 羊 差 差 宀 安 客 客 額 額 額	
執	脈	集	散	懲	戒	徵	兆	差	額

錯	誤	贊	頌	慙	愧	參	與	倉	庫
어긋날 착	그릇할 오	찬성할 찬	칭송할 송	부끄러울 참	부끄러울 괴	참여할 참	참여할 여	곳집 창	곳집 고
ㅅ ㅗ 金 釒 釙 錯 錯	亠 言 訓 記 記 誤 誤 誤	ㅗ 屮 先 兟 替 贊 贊	八 公 公 公頁 頌 頌 頌	一 曰 車 軒 斬 斬 慙	忄 忄 忄 忄 愧 愧	ㅗ ㅛ ㅛ 亽 亽 參 參	ㅗ 臼 臼 臼 臾 與	今 今 合 合 倉 倉 倉	亠 广 广 庐 庐 庫 庫
錯	誤	贊	頌	慙	愧	參	與	倉	庫

唱	劇	蒼	天	滄	海	債	務	採	算
노래 부를 창	연극 극	푸를 창	하늘 천	푸를 창	바다 해	빚 채	힘쓸 무	가릴 채	셈할 산
ㅣ ㅁ 吅 吅 唱 唱 唱	亠 广 户 庐 虏 虜 劇	亠 艹 艹 苍 苍 苍 蒼	一 二 手 天	氵 氵 氵 冷 洽 滄 滄	氵 氵 氵 汁 海 海 海	亻 亻 亻 倩 倩 債 債	ㅁ ㅈ 子 矛 矛 務 務	扌 扌 扌 扩 抙 採 採	竹 竹 竹 笪 笪 算 算
唱	劇	蒼	天	滄	海	債	務	採	算

菜	蔬	冊	卷	悽	慘	妻	妾	尺	度
나물 채	나물 소	책 책	책 권	슬퍼할 처	참혹할 참	아내 처	첩 첩	자 척	정도 도
一 艹 艹 芛 荵 苹 菜	一 艹 艹 荥 菇 蔬 蔬	丿 刀 刀 刪 冊	八 二 半 夬 春 卷	忄 忄 忄 忰 悙 悽 悽	忄 忄 忄 忺 悛 悛 慘	ナ ヲ ヲ 킈 丰 妻 妻 妻	一 亠 立 立 芆 妾 妾	コ コ 尸 尺	一 广 广 庐 庐 庐 度
菜	蔬	冊	卷	悽	慘	妻	妾	尺	度

遷	都	淺	慮	踐	履	千	弗	川	魚
옮길 천	도읍 도	얕을 천	생각 려	행할 천	밟을 리	일천 천	달러 불	내 천	물고기 어
一 西 覀 栗 覂 遷 遷	土 耂 者 者 者' 都 都	氵 氵 沣 淺 淺 淺 淺	一 广 庐 虍 虐 盧 慮	口 甲 卫 趺 趺 踐 踐	一 尸 尸 尸 屒 屒 履	一 二 千	一 コ 弖 弗 弗	刂 川	丿 勹 夕 久 角 魚 魚 魚
遷	都	淺	慮	踐	履	千	弗	川	魚

鐵	鎖	哲	人	添	削	尖	塔	聽	講
쇠 철	자물쇠 쇄	밝을 철	사람 인	더할 첨	깎을 삭	뾰족할 첨	탑 탑	들을 청	강론할 강
牟 金 釒 釒 銷 鐵 鐵	牟 金 釒 釒 鎖 鎖 鎖	扌 扌 扩 折 折 哲 哲	ノ 人	氵 氵 汒 沃 添 添 添	丬 丬 肖 肖 肖 削	丬 小 少 尖 尖	土 圵 圵 圹 圹 塔 塔	厂 工 耳 耵 聽 聽 聽	亖 言 訂 訃 詳 講 講

| 鐵 | 鎖 | 哲 | 人 | 添 | 削 | 尖 | 塔 | 聽 | 講 |

青	綠	廳	舍	淸	濁	體	熱	初	刊
푸를 청	초록빛 록	관청 청	집 사	맑을 청	흐릴 탁	몸 체	더울 열	처음 초	책 펴낼 간
二 キ 主 青 青 青 青	幺 糸 釾 絽 絎 綠 綠	广 庁 庘 庿 廳 廳 廳	人 亽 仒 仐 仐 舍 舍	氵 氵 汧 沣 淸 淸	氵 氵 沪 澗 澗 濁 濁	曰 旵 骨 骨 骨 體 體 體	土 去 圶 刲 執 熱 熱	丶 ラ オ ネ ネ 初 初	一 二 千 刊 刊

| 青 | 綠 | 廳 | 舍 | 淸 | 濁 | 體 | 熱 | 初 | 刊 |

抄	錄	招	聘	肖	像	超	逸	燭	臺
가릴 초	기록할 록	부를 초	부를 빙	닮을 초	형상 상	뛰어넘을 초	뛰어날 일	촛불 촉	대 대
一 十 扌 扌 扚 抄	人 幺 金 釒 釒 錄 錄	一 扌 扌 扫 扣 招 招	一 T 耳 耳 聘 聘 聘	' ' ' ' ' 肖 肖	亻 亻 仔 仔 伊 像 像	土 丰 走 起 起 超 超	' ' ' ' ' 兔 逸 逸	火 灯 灯 炉 焆 燭 燭	一 士 吉 喜 喜 臺 臺
抄	錄	招	聘	肖	像	超	逸	燭	臺

村	驛	總	點	聰	慧	最	良	催	眠
마을 촌	역 역	모두 총	수효 점	귀 밝을 총	지혜 혜	가장 최	좋을 량	재촉할 최	잠잘 면
一 十 木 木 村 村	ㅌ 馬 馬 駅 驛 驛	幺 糸 紵 納 絶 總 總	口 日 甲 里 黑 點 點	一 耳 耵 耵 聰 聰 聰	三 丰 彗 彗 彗 慧 慧	口 日 旦 昌 昌 最 最	' フ ヨ ㅌ 皀 良 良	亻 伫 伫 催 催 催 催	冂 日 目 目 眠 眠 眠
村	驛	總	點	聰	慧	最	良	催	眠

84

抽	拔	追	憶	推	薦	秋	毫	逐	鹿
뽑을 추	뺄 발	쫓을 추	생각할 억	천거할 추	천거할 천	가을 추	가는 털 호	쫓을 축	사슴 록
扌扌扚扚抽抽抽	扌扌扌扩扬拔	亻亻户自迫追	忄忄忄忙忭憶憶憶	扌扌扐扩扩推推	艹艹芦莤薦薦薦	二千禾禾秒秋	亠亠古亭亭毫毫	丁豸豸豕逐逐	广广户声声鹿鹿鹿
抽	拔	追	憶	推	薦	秋	毫	逐	鹿

畜	産	衝	突	取	捨	就	航	趣	向
기를 축	생산할 산	부딪칠 충	부딪칠 돌	취할 취	버릴 사	나아갈 취	건널 항	뜻 취	향할 향
亠亠玄育育畜畜	亠亠立产产彦産	彳彳彳彳徝衝衝	宀宀空空空突突	丁丁FF耳耴取取	扌扌扌拎拎拾捨捨	亠古亩京京訧就	丿刀月月舯航航	土耂走走趄趣趣趣	丿丿冂向向向
畜	産	衝	突	取	捨	就	航	趣	向

側	近	測	量	齒	科	治	亂	置	簿
곁 측	가까울 근	측량할 측	헤아릴 량	이 치	과목 과	다스릴 치	어지러울 란	둘 치	장부 부
ノイ仂仴仴側側	一厂斤斤斤近近	氵氵沪沪湨測測	口日旦旱昌量量	止止广步芮齒齒	二千千禾禾利科科	氵氵氵氵治治治	罒罒罘罘罚亂	罒罒罒罒罘置置	竹竹竹箔簿簿簿
側	近	測	量	齒	科	治	亂	置	簿

致	賀	親	睦	漆	器	七	層	寢	室
드릴 치	하례할 하	친할 친	화목할 목	옻칠할 칠	그릇 기	일곱 칠	층 층	잠잘 침	방 실
一至至至致致	力力加加智賀賀	辛亲新新親親	目目盻盻睦睦睦	氵汁沐泱漆漆漆	口叩叩吅哭器器	一七	尸尸尸屖屚層層	宀宀宇宇寐寢寢	宀宀宇宇宇室室
致	賀	親	睦	漆	器	七	層	寢	室

浸	透	稱	讚	快	晴	打	倒	墮	落
번질 침	통할 투	칭찬할 칭	기릴 찬	쾌할 쾌	갤 청	칠 타	넘어질 도	떨어질 타	떨어질 락

妥	協	琢	磨	彈	琴	脫	團	探	索
온당할 타	화합할 협	쫄 탁	갈 마	탈 탄	거문고 금	벗어날 탈	모임 단	찾을 탐	찾을 색

貪	財	泰	斗	殆	半	擇	偶	吐	露
탐낼 탐	재물 재	클 태	별 이름 두	거의 태	반 반	가릴 택	짝 우	토할 토	드러날 로
入今今今舍貪貪	丨冂日貝貝財財	一三夫夫泰泰泰	丶亅二斗	ノ歹歹歹殆殆殆	丶丷二半	扌扌扩押押擇擇	亻仴但偶偶偶偶	丨口口叮叮吐	一雨雨雨雫露露
貪	財	泰	斗	殆	半	擇	偶	吐	露

兎	脣	土	壤	討	議	投	球	特	殊
토끼 토	입술 순	흙 토	땅 양	궁구할 토	의논할 의	던질 투	공 구	특별할 특	뛰어날 수
一厂斤斤辰辰脣脣	一十土 土圹坮埣壤壤壤	一二言言訂討討 言訂詳詳議議議	一十才才扚扐投 二干王王玗玕球	ノ牛牛牛牜特特 歹歹歼歼殊殊殊
兎	脣	土	壤	討	議	投	球	特	殊

派	遣	波	浪	罷	免	播	種	頗	香
보낼 파	보낼 견	물결 파	물결 랑	내칠 파	내칠 면	씨 뿌릴 파	씨 종	자못 파	향기 향
氵氵氵汃汃派派派	口口虫虫串串遣	氵氵氵沪沪波波	氵氵氵沪沪沪浪浪	口罒罒罘罘罷罷	宀宀宀色色免	扌扌扩护採搔播	千禾禾和稻稻種種	厂广皮皮皏頗頗	宀二千禾禾香香
派	遣	波	浪	罷	免	播	種	頗	香

破	毀	販	路	八	斤	編	隊	遍	歷
깨뜨릴 파	헐 훼	팔 판	길 로	여덟 팔	근 근	엮을 편	군대 대	두루 편	다닐 력
厂石石矿矿破破	白白皀皂臼毀毀	口口目貝財販販	口厂旦足跳路路路	丿八	一厂厂斤	幺糸糸紵絹絹編編	阝阝阝阝阵隊隊	氵卢户扁扁遍遍	厂厂厂屏歷歷歷
破	毀	販	路	八	斤	編	隊	遍	歷

片	面	便	宜	平	凡	肺	臟	廢	止
한쪽 편	면 면	편할 편	마땅할 의	보통 평	범상할 범	허파 폐	오장 장	폐할 폐	그칠 지

丿丿广片
一丆而面面面

亻仁仃仃伂便便
宀宀宵宵宜宜

一一一二平
丿几凡

月月肝肝肺肺
月肝肝腈臟臟臟

广广庐庐廃麻麻廢
丨卜止止

片	面	便	宜	平	凡	肺	臟	廢	止

浦	口	包	裝	捕	捉	飽	享	爆	擊
물가 포	어귀 구	쌀 포	꾸밀 장	잡을 포	잡을 착	배부를 포	누릴 향	폭발할 폭	칠 격

氵氵汀沪沪沔涌浦
丨口口

丿勹勺勺包
壯壯耕裝裝裝

扌扌扩拘捕捕
扌扌扫扣捉捉捉

亼亼亽飠釘飹飽
亠亠亖言亨享

火灯灯焊焊爆爆爆
車車車軔軔鼕擊

浦	口	包	裝	捕	捉	飽	享	爆	擊

暴	利	表	裏	漂	泊	標	準	楓	岳
가로차갈 폭	이로울 리	거죽 표	속 리	떠돌 표	떠돌 박	표 표	법도 준	단풍나무 풍	큰 산 악
罒曰昂昇昜暴暴	一二千禾禾利利	一主丰夬夫表表	亠宀宫审重裏事裏	氵氵沪沪潭潭漂	氵氵氵泊泊	十木栖栖標標標	氵氵氵洜洜浗淮準	十木机枫枫枫楓	厂上斤丘丘岳岳
暴	利	表	裏	漂	泊	標	準	楓	岳

被	檢	疲	困	皮	膚	彼	此	畢	竟
입을 피	검속할 검	지칠 피	곤할 곤	가죽 피	살갗 부	저 피	이 차	마칠 필	마침내 경
礻衤衤初衫被被	十木栌栌栐檢檢	广广疒疒疒疲疲	丨冂冂用困困困	丿厂广方皮	广广卢膚膚膚膚	彳彳行犭彷彷彼彼	丨丨止止此此	丨口曰昆昆昰畢	亠亠立音音音竟
被	檢	疲	困	皮	膚	彼	此	畢	竟

筆	墨	必	須	荷	物	下	弦	寒	暖
붓 필	먹 묵	반드시 필	모름지기 수	짐 하	물건 물	아래 하	반달 현	찰 한	따뜻할 난
⺮⺮⺮竺笁筆筆	口四四里黑墨墨	丶ソ必必必	彡纟纟纩須須	艹艿茫荷荷	牜牛牛物物物	一丁下	弓弙弙弦弦	宀宀宔宲寒寒	旷旷旷旷暖暖
筆	墨	必	須	荷	物	下	弦	寒	暖

旱	雷	閑	寂	汗	蒸	割	據	含	憤
가물 한	우뢰 뢰	한가할 한	고요할 적	땀 한	찔 증	나눌 할	웅거할 거	머금을 함	분할 분
丶口曰曰旦旱旱	宀币雷雷雷雷雷	門門門門閑閑	宀宀宇宋寂	丶氵汁汗汗	艹芡茏蒸蒸蒸	宀宲害害割割	扩护护捜據據	人今今舍舍舍	忄忄忄忄忄憤憤
旱	雷	閑	寂	汗	蒸	割	據	含	憤

咸	池	合	邦	抗	拒	巷	談	恒	常
다 함	못 지	합할 합	나라 방	대항할 항	맞설 거	거리 항	이야기 담	항상 항	항상 상
厂厂厂厉咸咸咸	丶丶氵氵汩池池	丿人人个合合合	一二三丰邦邦邦	一十扌扌扩扩抗	十扌扌扩扣拒拒	一艹艹共共共巷	一一言言診談談	丶忄忄忄恒恒恒	丶丷丷尚尚常常
咸	池	合	邦	抗	拒	巷	談	恒	常

奚	暇	該	博	解	析	核	質	行	廊
어찌 해	겨를 가	넓을 해	넓을 박	풀 해	나눌 석	핵 핵	바탕 질	다닐 행	행랑 랑
爫爫爫奚奚奚奚	日日旷旷暇暇暇	一一言言該該該	十忄忄博博博博	夕角角觖觖解解	十才木朽析析析	十才朾朾杉核核	广斤斤所所質質	丿彳彳彳行行	一广广庐庐廊廊
奚	暇	該	博	解	析	核	質	行	廊

幸	福	許	諾	虛	實	軒	燈	革	政
다행 행	복 복	허락할 허	승낙할 락	빌 허	열매 실	추녀 헌	등잔 등	고칠 혁	정사 정
一十土±去幸幸	二丁禾和福福福	二言言言許許	言言許許許諾	广卢虎虎虚虚	宀宀宀宇宇實實	一口旦車車軒	火灯烊烂燈燈	一廿廿芦苩革	一丁正正政政
幸	福	許	諾	虛	實	軒	燈	革	政

縣	令	絃	樂	懸	案	賢	愚	現	場
고을 현	우두머리 령	현악기 현	풍류 악	매달 현	안건 안	어질 현	어리석을 우	나타날 현	마당 장
冂目且県県縣縣	丿人人令令	纟纟糸糸絃絃	白鄉綿樂樂	目旦県県縣懸懸	宀宀安安案案	臣臣野野賢賢	口日禺禺愚愚	一王珇珇珇現	一圠珇珇坦場場
縣	令	絃	樂	懸	案	賢	愚	現	場

顯	著	玄	黃	螢	雪	形	影	亨	通
나타날 현	나타날 저	검을 현	누를 황	반딧불 형	눈 설	형상 형	그림자 영	형통할 형	통할 통

日 旦 㬎 㬎 顯 顯 顯 / 艹 芏 芏 莱 莱 著 著
丶 亠 亍 玄 玄 / 一 卄 爿 芇 芇 黃 黃
⺍ 炏 炏 炒 螢 螢 螢 螢 / 雨 雨 雫 雫 雪 雪 雪
一 二 于 开 形 形 形 / 日 旦 昌 景 景 影 影
一 亠 亠 亠 古 亨 亨 / 予 刁 丙 甬 甬 诵 通

顯	著	玄	黃	螢	雪	形	影	亨	通

惠	澤	好	感	浩	茫	互	選	豪	飲
은혜 혜	은혜 택	좋을 호	느낄 감	넓을 호	아득할 망	서로 호	뽑을 선	뛰어날 호	마실 음

一 亓 百 甫 軎 惠 惠 / 氵 氵 沢 澤 澤 澤 澤
く 女 女 好 好 好 / 厂 厈 咸 咸 感 感 感
丶 氵 氿 洪 洪 浩 浩 / 艹 艹 艹 艹 茫 茫 茫
一 丆 互 互 / 已 巳 即 罪 罪 巽 選 選
一 亠 古 宣 亨 豪 豪 / 𠆢 今 今 𩚀 𩚀 飲 飲

惠	澤	好	感	浩	茫	互	選	豪	飲

胡	蝶	呼	出	護	憲	虎	穴	或	時
오랑캐 호	나비 접	부를 호	나갈 출	지킬 호	법 헌	범 호	구멍 혈	혹 혹	때 시
胡	蝶	呼	出	護	憲	虎	穴	或	時

混	成	紅	爐	洪	水	華	麗	禾	苗
섞을 혼	이룰 성	붉을 홍	화로 로	큰물 홍	물 수	빛날 화	고울 려	벼 화	싹 묘
混	成	紅	爐	洪	水	華	麗	禾	苗

禍	厄	和	暢	貨	幣	擴	充	丸	藥
재앙 화	재앙 액	온화할 화	화창할 창	재화 화	돈 폐	늘릴 확	찰 충	둥글 환	약 약

二 丁 示 示 和 祸 禍
一 厂 厄 厄
一 二 千 禾 禾 和 和
口 日 申 申 申 暢 暢
イ 化 貨 貨 貨 貨 貨
少 内 币 敞 敝 幣 幣
扌 扩 扩 擴 擴 擴
一 亠 云 充 充
丿 九 丸
艹 芍 蒞 蕤 華 藥

禍	厄	和	暢	貨	幣	擴	充	丸	藥

荒	凉	皇	帝	回	顧	灰	壁	懷	抱
거칠 황	서늘할 량	임금 황	임금 제	돌아볼 회	돌아볼 고	석회 회	바람벽 벽	품을 회	안을 포

亠 艹 芒 芒 芦 荒 荒
冫 广 沪 沪 涼 涼 涼
イ 白 白 白 皇 皇 皇
一 亠 产 产 帝 帝
丨 冂 冂 回 回 回
厃 尸 雇 雇 顧 顧 顧
一 ナ 太 太 灰 灰
尸 居 辟 辟 辟 壁 壁
忄 忄 忙 忄 忄 懷 懷
扌 扌 扩 扚 扚 抱 抱

荒	凉	皇	帝	回	顧	灰	壁	懷	抱

97

悔	恨	曉	霧	孝	子	效	則	厚	薄
뉘우칠 회	뉘우칠 한	새벽 효	안개 무	효도 효	아들 자	본받을 효	법 칙	두터울 후	엷을 박
丶忄忄忙悔悔悔	丶忄忄忄恨恨恨	日日旷旷時時時曉	雫雫霏霏霏霏霧霧	一十土耂考孝孝	了了子	亠亣亣亣亣效效	丨冂冃月目貝則	厂厂厂厅厚厚厚	艹艹艹芦芦荜薄薄
悔	恨	曉	霧	孝	子	效	則	厚	薄

喉	舌	候	鳥	訓	育	休	憩	携	帶
목구멍 후	혀 설	철 후	새 조	가르칠 훈	기를 육	쉴 휴	쉴 게	들 휴	띠 대
口叮吟吟哞喉喉	一二千千舌舌	亻亻俨俨俨候候	亻亻亻皍皍鳥鳥鳥	亠二言言訂訓	亠亣亣产育育育	丿亻仁什休休	二千舌刮刮憩憩	十扌扌扞拃携携	一卅卅卅卅帶帶
喉	舌	候	鳥	訓	育	休	憩	携	帶

胸	骨	凶	豊	吸	血	興	奮	戲	弄
가슴 흉	뼈 골	흉년들 흉	풍성할 풍	빨아들일 흡	피 혈	일어날 흥	떨칠 분	희롱할 희	희롱할 롱

月 月 肑 肑 胸 胸 胸 / 丨 冂 冂 咼 咼 骨 骨
ノ メ 凶 凶 / 丶 冂 口 曲 曲 豐 豐
口 口 吖 吸 吸 / 丶 冂 白 血 血
丨 臼 用 用 卽 皰 興 / 六 木 杏 杏 奮 奮 奮
广 卢 虍 庐 虐 虛 虛 戲 戲 / 一 二 千 王 王 弄 弄

胸	骨	凶	豊	吸	血	興	奮	戲	弄

稀	世	熙	笑	喜	悅	噫	嗚	希	願
드물 희	세상 세	기뻐할 희	웃을 소	기쁠 희	기쁠 열	탄식할 희	탄식할 오	바랄 희	원할 원

二 千 禾 利 秢 稀 稀 / 一 十 廿 世 世
丶 臣 臣 臣 熙 熙 熙 / 丶 竹 竹 竺 竺 笒 笑
十 吉 吉 直 直 喜 喜 / 丶 忄 忄 怤 怤 悅 悅
口 吖 咅 唔 暗 噫 噫 / 口 吖 咘 喣 嗚 嗚 嗚
ノ メ メ 产 产 希 希 / 厂 后 原 原 願 願 願

稀	世	熙	笑	喜	悅	噫	嗚	希	願

실생활에 자주 활용되는

고사성어

ㄱ

街談巷說(가담항설) : 항간에 떠도는 소문.

苛斂誅求(가렴주구) : ① 가혹하게 착취함. ② 조세를 가혹하게 징수함.

刻骨難忘(각골난망) : 은덕을 입은 고마움을 뼛속 깊이 새겨 잊지 않음. 白骨難忘(백골난망)

刻舟求劍(각주구검) : 낡은 생각만을 고집하여 융통성이 없고 세상일에 어둡다는 말.

甘呑苦吐(감탄고토) : 달면 삼키고 쓰면 뱉는다는 것으로 사리의 옳고 그름을 돌보지 않고 자기 이로울 대로 한다는 말.

甲男乙女(갑남을녀) : 평범한 사람들. 匹夫匹婦(필부필부), 張三李四(장삼이사)

康衢煙月(강구연월) : 큰 길에서 보는 평안한 풍경. 太平聖代(태평성대), 堯舜時代(요순시대)

改過遷善(개과천선) : 지난 허물을 고치고 옳은 길로 들어 섬.

去頭截尾(거두절미) : 일의 앞과 뒤를 잘라버리고 요점만 말함.

車載斗量(거재두량) : 수레에 싣고 말에 실을 만큼 많다는 뜻으로, 아주 흔함의 비유.

乾坤一擲(건곤일척) : 흥망 · 승패를 걸고 단판 승부를 겨루는 것. 垓下之戰(해하지전)

格物致知(격물치지) : ① 「대학」에 나오는 말로 6례(六禮)를 습득하여 지식을 명확히 한다는 말.
② 주자학의 용어로 사물의 이치를 연구하여 후천(後天)의 지식을 명확히 함.

隔世之感(격세지감) : 다른 세상으로 바뀐 듯 많은 변화가 있었음의 비유.

隔靴搔痒(격화소양) : 신을 신은 채 가려운 발바닥을 긁음과 같이 일의 효과를 나타내지 못함을 이름.

牽强附會(견강부회) : 이치에 맞지 않는 말을 억지로 끌어 붙여 자기 주장의 조건에 맞도록 함.
曲學阿世(곡학아세), 指鹿爲馬(지록위마)

犬馬之勞(견마지로) : ① 자기의 노력을 낮추어 하는 말. ② 임금이나 나라에 충성을 다하는 일.
犬馬之誠(견마지성), 盡忠報國(진충보국), 粉骨碎身(분골쇄신)

見物生心(견물생심) : 실물을 보고 욕심이 생김.

堅忍不拔(견인불발) : 굳게 참고 버티어 마음을 빼앗기지 아니 함.

結草報恩(결초보은) : 죽어서까지라도 은혜를 잊지 않고 갚음.

經國濟世(경국제세) : 나라를 경륜하고 세상을 구함. '經濟(경제)' 는 이의 준말.

敬而遠之(경이원지) : 겉으로는 공경하는 체하면서 속으로는 멀리한다는 뜻, '敬遠(경원)' 은 준말.

鷄卵有骨(계란유골) : 달걀 속에도 뼈가 있다는 뜻으로, 뜻밖에 장애물이 생김을 이르는 말.

股肱之臣(고굉지신) : 자신의 팔다리같이 믿음직스러워 중하게 여기는 신하.

膏粱珍味(고량진미) : 살찐 고기와 좋은 곡식으로 만든 맛있는 음식.

鼓腹擊壤(고복격양) : 백성이 천하의 태평을 즐김을 말함.

苦肉之策(고육지책) : 적을 속이기 위해 자신의 희생을 무릅쓰고 꾸미는 계책. 苦肉之計(고육지계)

孤掌難鳴(고장난명) : ① 손바닥 하나로는 소리가 나지 않는다는 뜻으로 혼자 힘으로 일하기 어렵다는 말. ② 서로 같으니 싸움이 난다는 말.

苦盡甘來(고진감래) : 고생 끝에 즐거움이 온다는 것을 말함.

曲學阿世(곡학아세) : 그른 학문으로 세속에 아부함.

管鮑之交(관포지교) : 옛날 중국의 관중과 포숙처럼 친구 사이가 다정함을 이름.
莫逆之友(막역지우), 水魚之交(수어지교), 刎頸之交(문경지교),
金蘭之交(금란지교), 竹馬故友(죽마고우)

刮目相對(괄목상대) : 눈을 비비고 본다는 말로, 다른 사람의 학문이나 덕행이 크게 진보한 것을 말함.

矯角殺牛(교각살우) : 뿔을 고치려다 소를 죽인다는 말로, 작은 일에 힘쓰다가 오히려 큰 일을 망친다는 뜻. 小貪大失(소탐대실)

巧言令色(교언영색) : 남에게 아첨하느라고 듣기 좋게 꾸미는 말과 얼굴빛.

口尙乳臭(구상유취) : 입에서 젖내가 날 만큼 언행이 유치함.

九十春光(구십춘광) : ① 노인의 마음이 청년같이 젊음을 이름. ② 봄의 석달 구십일 동안.

九牛一毛(구우일모) : 아홉 마리 소 가운데 터럭 하나로, 많은 것 가운데 극히 적은 것을 말함.

九折羊腸(구절양장) : 양의 창자처럼 험하고 꼬불꼬불한 산길. 길이 매우 험함을 이름.

群鷄一鶴(군계일학) : 닭 무리에 끼여 있는 한 마리의 학이란 뜻으로, 평범한 사람 가운데서 뛰어
난 사람. 白眉(백미), 囊中之錐(낭중지추)

群雄割據(군웅할거) : 여러 영웅이 각지에서 세력을 다툼.

勸善懲惡(권선징악) : 선행을 권하고 악행을 벌함.

捲土重來(권토중래) : ① 한 번 실패에 굴하지 않고 몇 번이고 다시 일어남.
② 세력을 회복하여 다시 쳐들어옴. 臥薪嘗膽(와신상담), 七顚八起(칠전팔기)

近墨者黑(근묵자흑) : 먹을 가까이 하는 사람은 검어진다는 뜻으로, 나쁜 사람과 사귀면 좋지 않은
버릇에 물들기 쉽다는 말.

金科玉條(금과옥조) : 금이나 옥같이 귀중한 법칙이나 규정을 말함.

錦上添花(금상첨화) : 좋고 아름다운 것 위에 더 좋은 것을 더한다는 뜻.

金石盟約(금석맹약) : 금석과 같이 굳게 맺은 약속.

錦衣夜行(금의야행) : 비단 옷을 입고 밤에 다닌다는 뜻으로, 성공을 했지만 아무런 효과를 내지
못하는 것을 이름.

錦衣還鄕(금의환향) : 비단 옷을 입고 고향으로 돌아온다는 뜻으로, 타향에서 크게 성공하여 자기
집으로 돌아감을 이름.

金枝玉葉(금지옥엽) : 임금의 자손이나 귀한 집안의 귀여운 자손을 일컫는 말.

ㄴ

難兄難弟(난형난제) : 누구를 형이라 하고 누구를 동생이라 할지 분간하기가 어려움. 옳고 그름이
나 우열을 가리기가 어렵다는 말. 莫上莫下(막상막하), 伯仲之勢(백중지세)

南柯一夢(남가일몽) : 꿈과 같이 헛된 한때의 부귀영화를 일컬음. 一場春夢(일장춘몽), 醉生夢死
(취생몽사)

男負女戴(남부여대) : 남자는 지고 여자는 이고 간다는 뜻으로, 가난한 사람이 정처 없이 떠돌아다
니며 사는 것을 말함.

囊中之錐(낭중지추) : 주머니 속에 든 송곳과 같이 재주가 뛰어난 사람은 숨어 있어도 저절로 사람
들이 알게 됨을 말함.

囊中取物(낭중취물) : 주머니 속의 물건을 꺼내는 것같이 매우 용이한 일을 말함.

綠衣紅裳(녹의홍상) : 연두 저고리에 다홍치마, 즉 곱게 차려 입은 젊은 아가씨의 복색.

弄瓦之慶(농와지경) : 딸을 낳은 기쁨.

弄璋之慶(농장지경) : 아들을 낳은 기쁨.

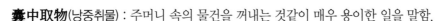

ㄷ

簞食瓢飮(단사표음) : 도시락 밥과 표주박 물, 즉 변변치 못한 음식이라는 말.

丹脣皓齒(단순호치) : 붉은 입술과 흰 이, 곧 아름다운 여자의 얼굴. 傾國之色(경국지색), 絶世佳人
(절세가인), 花容月態(화용월태), 月下佳人(월하가인)

達八十(달팔십) : 강태공(姜太公)이 80세에 주무왕(周武王)을 만나 정승이 된 후 80년을 호화롭게
살았다는 옛말에서 유래되어 호화롭게 사는 것을 말함. 窮八十(궁팔십)

堂狗風月(당구풍월) : 무식한 자도 유식한 자와 같이 있으면 다소 감화를 받게 된다는 뜻.

大器晩成(대기만성) : 큰 그릇은 이루어짐이 더디다는 말로, 크게 될 사람은 성공이 늦다는 뜻.

大書特筆(대서특필) : 특히 드러나게 큰 글자로 적어 표시함.

塗炭之苦(도탄지고) : 진구렁이나 숯불에 빠졌다는 뜻으로 몹시 고생스러움을 일컫는 말.

東家食西家宿(동가식서가숙) : 먹을 곳, 잘 곳이 없이 떠도는 사람, 또는 그런 짓.
風餐露宿(풍찬노숙)

棟梁之材(동량지재) : 기둥이나 들보가 될 만한 훌륭한 인재.

東問西答(동문서답) : 묻는 말에 대하여 아주 엉뚱한 방향으로 대답함.

同病相憐(동병상련) : 어려운 처지에 놓인 사람끼리 서로 동정하고 도움.

東奔西走(동분서주) : 사방으로 바삐 쏘다님.

同床異夢(동상이몽) : 같은 처지나 입장에서 저마다 딴 생각을 함.

得隴望蜀(득롱망촉) : 중국 한나라 때 광무제가 농(隴)을 정복한 뒤 다시 촉(蜀)을 쳤다는 데서 나
온 말로, 끝없는 욕심을 말함.

登高自卑(등고자비) : ① 높은 곳에 이르기 위해서는 낮은 곳부터 밟아야 한다는 뜻으로, 일을 하
는 데는 반드시 차례를 밟아야 한다는 말. ② 지위가 높아질수록 스스로를
낮춘다는 말.

登龍門(등용문) : 용문(龍門)은 황허 상류의 급류인데, 잉어가 여기에 오르면 용이 된다는 고사에
서 비롯된 말로, 출세할 수 있는 지위에 오름을 뜻함.

燈下不明(등하불명) : 등잔 밑이 어둡다는 뜻으로, 가까이 있는 것에 더 어두움을 이르는 말.

燈火可親(등화가친) : 가을이 되어 서늘하면 밤에 등불을 가까이 하여 글 읽기에 좋다는 말.

ㅁ

馬耳東風(마이동풍) : 남의 말을 귀담아 듣지 않고 흘려버리는 것을 말함. 우이독경(牛耳讀經)

莫上莫下(막상막하) : 실력에 있어 낫고 못함이 없이 비슷함.

莫逆之友(막역지우) : 매우 친한 벗.

萬頃蒼波(만경창파) : 한없이 넓고 푸른 바다.

萬古風霜(만고풍상) : 사는 동안에 겪은 많은 고생.

麥秀之嘆(맥수지탄) : 기자(箕子)가 은(殷)이 망한 후 그 폐허에 보리만 자람을 보고 한탄했다는 고사에서 유래되어, 고국(故國)의 멸망을 한탄함을 이르는 말.

明鏡止水(명경지수) : ① 거울과 같이 맑고 잔잔한 물. ② 잡념과 허욕이 없이 맑고 깨끗함.

名實相符(명실상부) : 이름과 실제가 서로 부합함.

明若觀火(명약관화) : 불을 보듯 환하게 알 수 있음.

命在頃刻(명재경각) : 곧 숨이 끊어질 지경에 이름.

矛盾撞着(모순당착) : 같은 사람의 문장이나 언행이 앞뒤가 서로 어그러져서 모순되는 일.

目不識丁(목불식정) : 낫 놓고 기역자도 모를 만큼 무식함을 이름.

目不忍見(목불인견) : 차마 눈뜨고 볼 수 없는 참상이나 꼴불견.

武陵桃源(무릉도원) : 신선이 살았다는 전설적인 중국의 명승지. 곧 속세를 떠난 별천지를 뜻함.

文房四友(문방사우) : 서재에 꼭 있어야 할 네 벗. 즉 종이(紙)·붓(筆)·벼루(硯)·먹(墨).

門前成市(문전성시) : 권세가 높거나 부자가 되어 찾아오는 손님들로 마치 시장을 이룬 것 같음.

門前沃畓(문전옥답) : 집 앞 가까이에 있는 좋은 논.

ㅂ

拍掌大笑(박장대소) : 손바닥을 치면서 크게 웃음.

拔本塞源(발본색원) : 폐단의 근원을 뿌리뽑아 없애 버림을 뜻함.

傍若無人(방약무인) : 언행이 방자한 사람.

背恩忘德(배은망덕) : 은혜를 잊고 도리어 배반함.

白骨難忘(백골난망) : 죽어도 잊지 못할 만큼 큰 은혜를 입음.

百年河淸(백년하청) : 아무리 세월이 가도 일을 해결할 희망이 없음.

白面書生(백면서생) : 글만 읽고 세상 일에 어두운 사람.

百折不屈(백절불굴) : 갖가지 수단을 다해 꺾으려고 해도 굽히지 않음.

伯仲之勢(백중지세) : 우열(優劣)의 차이가 없이 엇비슷함을 이르는 말.

夫唱婦隨(부창부수) : 남편이 창(唱)을 하면 아내도 따라 하는 것이 부부화합의 도(道)라는 것.
　　　　　　　　　女必從夫(여필종부)

附和雷同(부화뇌동) : 제 주견이 없이 남이 하는 대로 그저 무턱대고 따라함.

粉骨碎身(분골쇄신) : 뼈가 가루가 되고 몸이 부서지도록 힘을 다하여 일하는 것.

不共戴天之讐(불공대천지수) : 같은 하늘 아래 살 수 없는 원수. 어버이의 원수를 말함.

不問曲直(불문곡직) : 옳고 그름을 묻지 아니하고 함부로 함.

不恥下問(불치하문) : 자기보다 아랫사람에게 묻는 것을 부끄러워하지 않음.

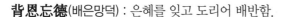

四顧無親(사고무친) : 의지할 곳 없이 외로움. 孤立無依(고립무의)

四面楚歌(사면초가) : 한 사람도 도우려는 자가 없이 고립되어 곤경에 처해 있음.

砂上樓閣(사상누각) : 모래 위에 지은 집. 곧 헛된 것의 비유.

事必歸正(사필귀정) : 모든 일은 반드시 바른 데로 돌아감.

山上垂訓(산상수훈) : 예수가 산꼭대기에서 한 설교.

山戰水戰(산전수전) : 세상 일에 경험이 많다는 뜻.

山海珍味(산해진미) : 산과 바다의 산물(産物)을 다 갖추어 썩 잘 차린 귀한 음식.

殺身成仁(살신성인) : 목숨을 버려 사랑(仁)을 이룸.

三顧草廬(삼고초려) : 중국 삼국시대에 촉한의 유비가 제갈 공명을 세 번이나 찾아가 군사(軍師)로
　　　　　　　　　초빙한 데서 나온 말.

三旬九食(삼순구식) : 빈궁하여 먹을 것이 부족함.

三遷之敎(삼천지교) : 맹자의 어머니가 아들의 교육을 위하여 세 번 거처를 옮겼다는 고사로, 생활
　　　　　　　　　환경이 교육에 큰 구실을 함을 말함.

桑田碧海(상전벽해) : 뽕나무밭이 변하여 바다가 된다는 말로, 세상 일의 변천이 심함을 비유하는 말.

塞翁之馬(새옹지마) : 인간 세상의 길흉화복(吉凶禍福)이 서로 순환되어 뚜렷이 정해진 바가 없는 것을 말함. 轉禍爲福(전화위복)

先見之明(선견지명) : 앞 일을 미리 판단하는 총명.

雪上加霜(설상가상) : 눈 위에 또 서리가 덮인다는 뜻으로, 불행이 거듭 생김을 말함.

說往說來(설왕설래) : 서로 변론(辯論)을 주고받으며 옥신각신하는 것.

纖纖玉手(섬섬옥수) : 가냘프고 고운 여자의 손.

送舊迎新(송구영신) : 세밑에 묵은 해를 보내고 새해를 맞이하는 일을 이름.

首邱初心(수구초심) : 여우가 죽을 때 머리를 자기가 살던 굴로 향한다는 말로 고향을 그리워하는 마음.

壽福康寧(수복강녕) : 오래 살고 복되며 건강하고 평안함을 이르는 말.

袖手傍觀(수수방관) : 팔짱을 끼고 보고만 있다는 뜻으로, 어떤 일을 당하여 옆에서 보고만 있는 것.

誰怨誰咎(수원수구) : 남을 원망하거나 탓할 게 없음.

脣亡齒寒(순망치한) : 입술이 없으면 이가 시린 것처럼, 서로 돕던 이가 망하면 다른 한쪽 사람도 함께 위험하다는 뜻.

是是非非(시시비비) : 옳고 그름을 가림.

尸位素餐(시위소찬) : 재덕·공로가 없이 한갓 관위(官位)만 차지하고 녹을 받는 일.

識字憂患(식자우환) : 아는 것이 탈이라는 말로 학식이 있는 것이 도리어 근심을 사게 됨을 말함.

身言書判(신언서판) : 사람됨을 판단하는 네 가지 기준으로, 곧 신수(身手)와 말씨와 문필과 판단력.

神出鬼沒(신출귀몰) : 자유자재로 출몰하여 그 변화를 헤아릴 수 없는 일.

十匙一飯(십시일반) : 열 사람이 한 술씩 보태면 한 그릇이 되듯 여럿이 한 사람 돕기는 쉽다는 말.

十日之菊(십일지국) : 국화는 9월 9일이 절정으로, 이미 때가 늦었다는 말.

ㅇ

阿鼻叫喚(아비규환) : 많은 사람이 지옥 같은 고통을 못 이겨 부르짖는 소리. 심한 참상을 형용하는 말.

我田引水(아전인수) : 제 논에 물대기로 자기에게만 이롭게 하려는 것을 뜻함.

羊頭狗肉(양두구육) : 양의 머리를 내걸고 개고기를 판다는 뜻. 즉 겉모양은 훌륭하나 속은 변변치 않은 것을 말함.

梁上君子(양상군자) : 들보 위에 있는 군자라는 뜻으로 도둑을 말함.

漁父之利(어부지리) : 양자(兩者)가 이익을 위하여 서로 다투고 있을 때, 제삼자가 그 이익을 가로
채 가는 것을 말함. 犬兎之爭(견토지쟁)

言中有骨(언중유골) : 예사로운 말속에 깊은 뜻이 있는 것을 말함.

如反掌(여반장) : 손바닥을 뒤집는 것 같다는 뜻으로 일하기가 대단히 쉬운 것을 말함.

緣木求魚(연목구어) : 나무에 올라가 고기를 구하듯 불가능한 일을 하고자 하는 것을 비유하는 말.

拈華微笑(염화미소) : 마음에서 마음으로 전하는 일. 以心傳心(이심전심), 拈華示衆(염화시중)

五里霧中(오리무중) : 짙은 안개 속에서 길을 찾기가 어려운 것같이 일의 갈피를 잡기 어려움을
말함.

烏飛梨落(오비이락) : 우연의 일치로 남의 의심을 받았을 때 하는 말. '까마귀 날자 배 떨어진다.'

傲霜孤節(오상고절) : 서릿발 날리는 추운 때에도 굴하지 않고 외로이 지키는 절개라는 뜻으로, 국
화를 두고 하는 말.

五十步百步(오십보백보) : 양자간에 차이는 있으나 본질적으로 같다는 뜻. 大同小異(대동소이)

吳越同舟(오월동주) : 서로 반목하면서도 공통의 곤란이나 이해(利害)에 대하여 협력하는 것을 비유
하는 말.

烏合之衆(오합지중) : 까마귀 떼와 같이 조직도 훈련도 없이 모인 무리. 烏合之卒(오합지졸)

溫故知新(온고지신) : 옛 것을 익히고 나아가 새 것을 배우는 학문 태도를 말함.

臥薪嘗膽(와신상담) : 섶에 누워 쓸개를 씹는다는 뜻으로, 원수를 갚고자 고생을 참고 견딤을 비유
하는 말.

樂山樂水(요산요수) : 지자요수 인자요산(知者樂水 仁者樂山)의 준말로 지혜 있는 자는 사리에 통
달하여 물과 같이 막힘이 없으므로 물을 좋아하고, 어진 자는 의리에 밝고
산과 같이 중후하여 변하지 않으므로 산을 좋아한다는 뜻.

龍頭蛇尾(용두사미) : 처음에는 그럴 듯하다가 끝이 흐지부지되는 것.

唯我獨尊(유아독존) : 세상에서 오직 나만이 훌륭하다는 생각.

流言蜚語(유언비어) : 아무 근거 없이 널리 떠돌아다니는 소문.

類類相從(유유상종) : 동류(同類)끼리 서로 왕래하며 사귐. 草綠同色(초록동색)

吟風弄月(음풍농월) : 맑은 바람과 밝은 달을 벗삼아 시를 짓고 즐김.

以心傳心(이심전심) : 말이나 글을 쓰지 않고 마음에서 마음으로 전한다는 말로, 곧 마음으로 이치
를 깨닫게 한다는 뜻. 拈華示衆(염화시중)

二律背反(이율배반) : 서로 모순되는 명제(命題)가 동등하게 주장되는 일.

李下不整冠(이하부정관) : 오얏나무 아래서는 갓을 고쳐 쓰지 말라는 뜻. 즉 남에게 의심받을 일을 하지 않도록 주의하라는 말.

耳懸鈴鼻懸鈴(이현령비현령) : 귀에 걸면 귀걸이, 코에 걸면 코걸이라는 말로 이렇게도 저렇게도 될 수 있음을 비유하는 말.

益者三友(익자삼우) : 사귀어 이로운 세 벗. 즉 정직한 사람, 신의(信義) 있는 사람, 학식 있는 사람.

因果應報(인과응보) : 좋은 일에는 좋은 결과가, 나쁜 일에는 나쁜 결과가 따른다는 말.

日久月深(일구월심) : 세월(歲月)이 흐를수록 바라는 마음이 더욱 간절해짐.

一魚濁水(일어탁수) : 물고기 한 마리가 물을 흐리게 하듯 한 사람의 악행(惡行)으로 인하여 여러 사람이 그 해를 받게 되는 것.

一日三秋(일일삼추) : 하루가 3년처럼 길게 느껴짐. 즉 몹시 애태우며 기다림.

一場春夢(일장춘몽) : 인생의 영화(榮華)는 한바탕의 봄 꿈과 같이 헛됨.

日就月將(일취월장) : 나날이 다달이 진보함. 날로 진보하여 감.

一筆揮之(일필휘지) : 단숨에 글씨나 그림을 힘차게 쓰거나 그리는 것.

ㅈ

自家撞着(자가당착) : 같은 사람의 문장이나 언행이 앞뒤가 서로 어그러져서 모순되는 일. 矛盾撞着(모순당착)

自繩自縛(자승자박) : 제 새끼줄로 제 목 매기. 곧 자기 행동으로 말미암아 자기가 괴로움을 받게 된다는 뜻. 自業自得(자업자득)

自畫自讚(자화자찬) : 자기가 한 일을 스스로 자랑하는 것을 이름.

張三李四(장삼이사) : 장씨(張氏)의 삼남(三男)과 이씨(李氏)의 사남(四男)이란 뜻으로 평범한 사람들을 가리킴.

賊反荷杖(적반하장) : 도둑이 도리어 매를 든다는 뜻으로, 잘못한 사람이 도리어 잘한 사람을 나무라는 경우에 쓰는 말.

赤手空拳(적수공권) : 맨손과 맨주먹. 곧 아무것도 가진 것이 없음.

戰戰兢兢(전전긍긍) : 어떤 일 또는 사람에 맞닥뜨려 매우 두려워하여 겁냄을 나타냄.

轉禍爲福(전화위복) : 화(禍)를 바꾸어 복으로 한다는 뜻이니, 궂은 일을 당했을 때 그것을 잘 처리해서 좋은 일이 되게 하는 것.

漸入佳境(점입가경) : 어떤 일이나 상태가 점점 더 재미있는 경지로 들어감을 나타냄.

切齒腐心(절치부심) : 이를 갈며 속을 썩임으로 몹시 분함을 말함.

頂門一鍼(정문일침) : 정수리에 침을 준다는 말로, 잘못의 급소를 찔러 충고하는 것.

井底之蛙(정저지와) : 견문이 좁고 세상 형편을 모름. '우물 안 개구리'

糟糠之妻(조강지처) : 가난을 참고 고생을 같이 하며 남편을 섬긴 아내.

朝令暮改(조령모개) : 법령을 자꾸 바꿔서 종잡을 수 없음을 비유하는 말. 朝變夕改(조변석개)

朝三暮四(조삼모사) : ① 간사한 꾀로 사람을 속여 희롱함. ② 눈앞에 당장 나타나는 차별만을 알
고 그 결과가 같음을 모름. 姑息之計(고식지계)

左顧右眄(좌고우면) : 좌우를 자주 둘러본다는 뜻으로, 무슨 일을 얼른 결정짓지 못함을 비유.

坐不安席(좌불안석) : 마음에 불안이나 근심 등이 있어 한자리에 오래 앉아 있지 못함.

左之右之(좌지우지) : ① 제 마음대로 자유롭게 처리함. ② 남을 마음대로 부림.

主客顚倒(주객전도) : 주인은 손님처럼 손님은 주인처럼 각각 행동을 바꾸어 한다는 것으로 입장
이 뒤바뀐 것을 나타냄. 本末顚倒(본말전도)

走馬加鞭(주마가편) : 달리는 말에 채찍을 더한다는 말로, 잘하는 사람에게 더 잘하도록 하는 것.

走馬看山(주마간산) : 말을 달리면서 산을 본다는 말로 자세히 보지 못하고 지나침을 뜻함.

酒池肉林(주지육림) : 방탕하고 사치스러운 생활을 뜻함.

竹馬故友(죽마고우) : 죽마를 타고 놀던 벗, 곧 어릴 때 같이 놀던 친한 친구.

竹杖芒鞋(죽장망혜) : ① 대지팡이와 짚신. ② 가장 간단한 보행이나 여행의 차림.

衆寡不敵(중과부적) : 적은 수효로는 많은 수효를 대적하지 못한다는 뜻.

衆口難防(중구난방) : 뭇사람의 말을 다 막기는 어렵다는 뜻.

重言復言(중언부언) : 한 말을 자꾸 되풀이함.

中原逐鹿(중원축록) : 중원(中原)은 중국 또는 천하(天下)를 말하며, 축록(逐鹿)은 서로 경쟁한다는
말. 영웅들이 다투어 천하를 얻고자 함을 뜻함.

指鹿爲馬(지록위마) : 중국 진나라의 조고(趙高)가 이세황제(二世皇帝)에게 사슴을 말이라고 속여
바친 일에서 유래하는 고사로, 윗사람을 농락하여 권세를 마음대로 함을 가
리킴. 牽强附會(견강부회)

支離滅裂(지리멸렬) : 갈가리 찢어지고 흩어져 갈피를 잡을 수 없게 됨.

進退維谷(진퇴유곡) : 앞으로 나아갈 수도 뒤로 물러설 수도 없이, 꼼짝할 수 없는 궁지에 빠짐.
進退兩難(진퇴양난), 四面楚歌(사면초가)

嫉逐排斥(질축배척) : 시기하고 미워하여 물리침.

ㅊ

此日彼日(차일피일) : 오늘내일 하면서 자꾸 미룸.

滄海一粟(창해일속) : 한없이 넓은 바다에 떠있는 한 알의 좁쌀이라는 뜻으로, 크고 넓은 것 가운데에 있는 아주 작은 것을 비유하는 말. 九牛一毛(구우일모)

天高馬肥(천고마비) : 하늘은 높고 말이 살찐다는 뜻으로, 가을이 썩 좋은 계절임을 일컫는 말.

天方地軸(천방지축) : ① 매우 급해서 허둥거리는 모습.
② 어리석은 사람이 갈 바를 몰라 두리번거리는 모습.

泉石膏肓(천석고황) : 고질병이 되다시피 산수 풍경을 좋아하는 것.

天衣無縫(천의무봉) : 선녀의 옷은 기운 데가 없다는 말로, 문장이 훌륭하여 손댈 곳이 없을 만큼 잘 되었음을 가리키는 말.

千仞斷崖(천인단애) : 천 길이나 되는 깎아지른 듯한 벼랑.

千紫萬紅(천자만홍) : 가지가지 빛깔로 만발한 꽃.

千載一遇(천재일우) : 천 년에나 한 번 만날 수 있는 기회, 곧 좀처럼 얻기 어려운 기회.

徹頭徹尾(철두철미) : ① 처음부터 끝까지 투철함을 뜻함. ② 하나도 빼놓지 않고 샅샅이.

徹天之冤(철천지원) : 하늘에 사무치도록 큰 원한.

靑出於藍(청출어람) : 쪽에서 우러난 푸른빛이 쪽보다 더 푸르다는 말로, 제자가 스승보다 낫다는 뜻. 後生可畏(후생가외)

寸鐵殺人(촌철살인) : 조그만 쇠붙이로 사람을 죽인다는 것으로, 간단한 말로 사물의 가장 요긴한 데를 찔러 듣는 사람을 감동하게 하는 것. 頂門一鍼(정문일침)

春雉自鳴(춘치자명) : 봄 꿩이 스스로 운다는 말로 시키거나 요구하지 아니하여도 제풀에 하는 것을 말함.

醉生夢死(취생몽사) : 아무 뜻과 이룬 일도 없이 한평생을 흐리멍덩하게 살아감.

七顚八起(칠전팔기) : 여러 번 실패해도 굽히지 않고 분투함을 일컫는 말.

七縱七擒(칠종칠금) : 제갈 공명의 전술로 일곱 번 놓아주고 일곱 번 잡는다는 말로, 자유자재의 전술을 가리킴.

針小棒大(침소봉대) : 바늘을 몽둥이라고 말하듯 과장해서 말하는 것.

ㅌ

他山之石(타산지석) : 다른 산에서 난 돌도 자기의 구슬을 가는 데 소용이 된다는 뜻으로, 다른 사람의 하찮은 언행일지라도 자기의 지덕을 연마하는데 도움이 된다는 말.

卓上空論(탁상공론) : 실현성이 없는 허황된 이론.

貪官汚吏(탐관오리) : 탐욕이 많고 마음이 깨끗하지 못한 관리.

泰山北斗(태산북두) : 태산과 북두칠성을 우러러보는 것처럼, 남으로부터 그런 존경을 받는 존재.

波瀾重疊(파란중첩) : 어려운 일이 복잡하게 겹침. 雪上加霜(설상가상)

破顔大笑(파안대소) : 얼굴이 일그러지고 깨질 정도로 크게 웃음.

破竹之勢(파죽지세) : 대가 쪼개지듯 세력이 강하여 걷잡을 수 없이 나아가는 모양.

弊袍破笠(폐포파립) : 헤진 옷과 부서진 갓, 곧 너절하고 구차한 차림새.

抱腹絕倒(포복절도) : 배를 안고 몸을 가누지 못할 정도로 몹시 웃음.

風前燈火(풍전등화) : 바람 앞에 켠 등불처럼 매우 위급한 경우에 놓여 있음을 가리키는 말.
　　　　　　　　　百尺竿頭(백척간두)

風餐露宿(풍찬노숙) : 바람과 이슬을 맞으며 한 데서 지냄. 큰 일을 이루려는 사람이 고초를 겪는
　　　　　　　　　모양.

匹夫匹婦(필부필부) : 평범한 남자와 평범한 여자.

必有曲折(필유곡절) : 반드시 어떠한 까닭이 있음.

ㅎ

下石上臺(하석상대) : 아랫돌을 뽑아 첫돌을 괴고 윗돌을 뽑아 아랫돌 괴기. 곧 임시 변통으로 이
　　　　　　　　　리저리 둘러맞춤.

鶴首苦待(학수고대) : 학의 목처럼 목을 길게 늘여 몹시 기다린다는 뜻.

漢江投石(한강투석) : 한강에 돌 던지기. 지나치게 미미하여 전혀 효과가 없음을 비유하는 말.

汗牛充棟(한우충동) : 실으면 소가 땀을 흘리고, 쌓으면 들보에까지 가득 찰 만큼 많다는 뜻으로,
　　　　　　　　　썩 많은 장서를 가리키는 말.

緘口無言(함구무언) : 입을 다물고 말이 없음.

含哺鼓腹(함포고복) : 배불리 먹고 즐겁게 지냄.

咸興差使(함흥차사) : 심부름을 시킨 뒤 아무 소식이 없거나 회답이 더디 올 때 쓰는 말.

偕老同穴(해로동혈) : 부부가 함께 늙고, 죽어서는 한곳에 묻힌다는 것으로 부부의 사랑을 뜻함.

孑孑單身(혈혈단신) : 의지할 곳 없는 외로운 홀몸.

螢雪之功(형설지공) : 중국 진나라의 차윤(車胤)이 반딧불로 글을 읽고 손강(孫康)이 눈빛으로 글을 읽었다는 고사에서 온 말로, 고생해서 공부한 공이 드러남을 비유.

好事多魔(호사다마) : 좋은 일에는 방해가 많음.

浩然之氣(호연지기) : 하늘과 땅 사이에 넘치게 가득 찬 넓고도 큰 원기.

魂飛魄散(혼비백산) : 몹시 놀라 정신이 없음.

畵龍點睛(화룡점정) : 용을 그려놓고 마지막으로 눈을 그려 넣음. 즉 가장 요긴한 부분을 완성시킴.

花容月態(화용월태) : 아름다운 여자의 고운 용태(容態)를 이르는 말.

畵中之餠(화중지병) : 그림 속의 떡이란 뜻으로, 바라만 보았지 소용에 닿지 않음을 비유.

後生可畏(후생가외) : 「논어」에 나오는 말로, 후진들이 선배들보다 나아 오히려 두렵게 여겨진다는 뜻.